50012

PHILOSOPHIE DE LEIBNITZ.

LA

PHILOSOPHIE DE LEIBNITZ.

Fragmens

D'UN COURS D'HISTOIRE DE LA MÉTAPHYSIQUE,

DONNÉ

dans l'Académie de Lausanne,

PAR

C. SECRETAN,

LICENCIÉ EN DROIT.

GENÈVE,
CHERBULIEZ. — KESSMANN.

TUBINGUE,
FUESS.

PARIS,
CHERBULIEZ. — JOUBERT.

LAUSANNE,
IMPRIMERIE-LIBRAIRIE DE M. DUCLOUX,
ÉDITEUR.

1840.

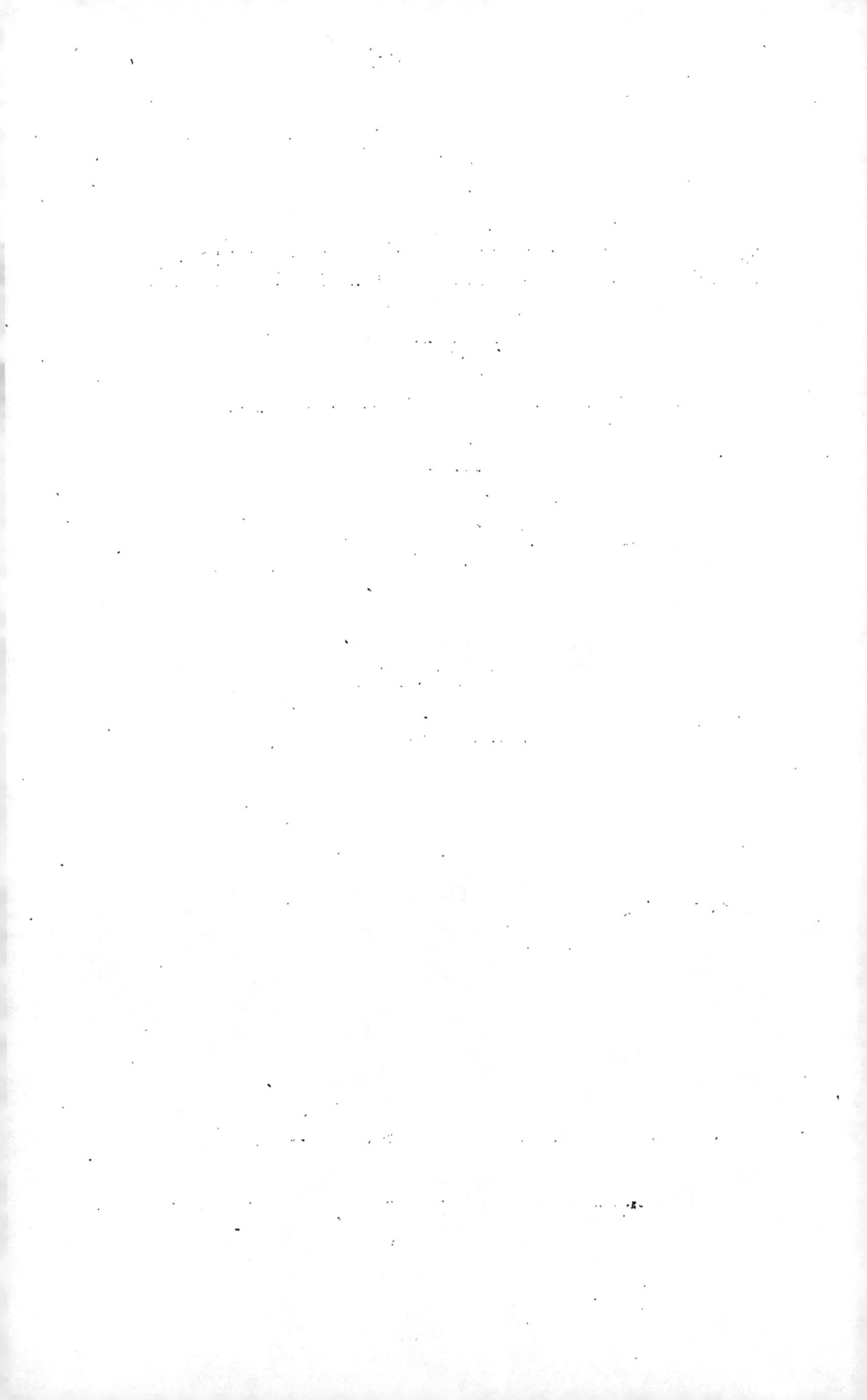

A Messieurs

LES ÉTUDIANS

DE

L'ACADÉMIE DE LAUSANNE.

LEIBNITZ.

Première Leçon.

Sommaire. Caractère systématique de la pensée de Leibnitz. Forme peu systématique, fragmentaire, de ses écrits. Le résultat de la déduction présenté chez lui comme une hypothèse. — Principes posés au point de départ. Spiritualisme et individualisme. Ces deux principes déterminent la place de Leibnitz dans l'ensemble de la philosophie. — Triple tâche de l'historien. Reconstruire le système de Leibnitz au moyen de ses propres expressions, le développer, le critiquer. Enchaînement du système purement logique. Point de départ dans l'idée de la substance. Définition de la substance: un être capable d'action. Fondemens de cette vue dominante.

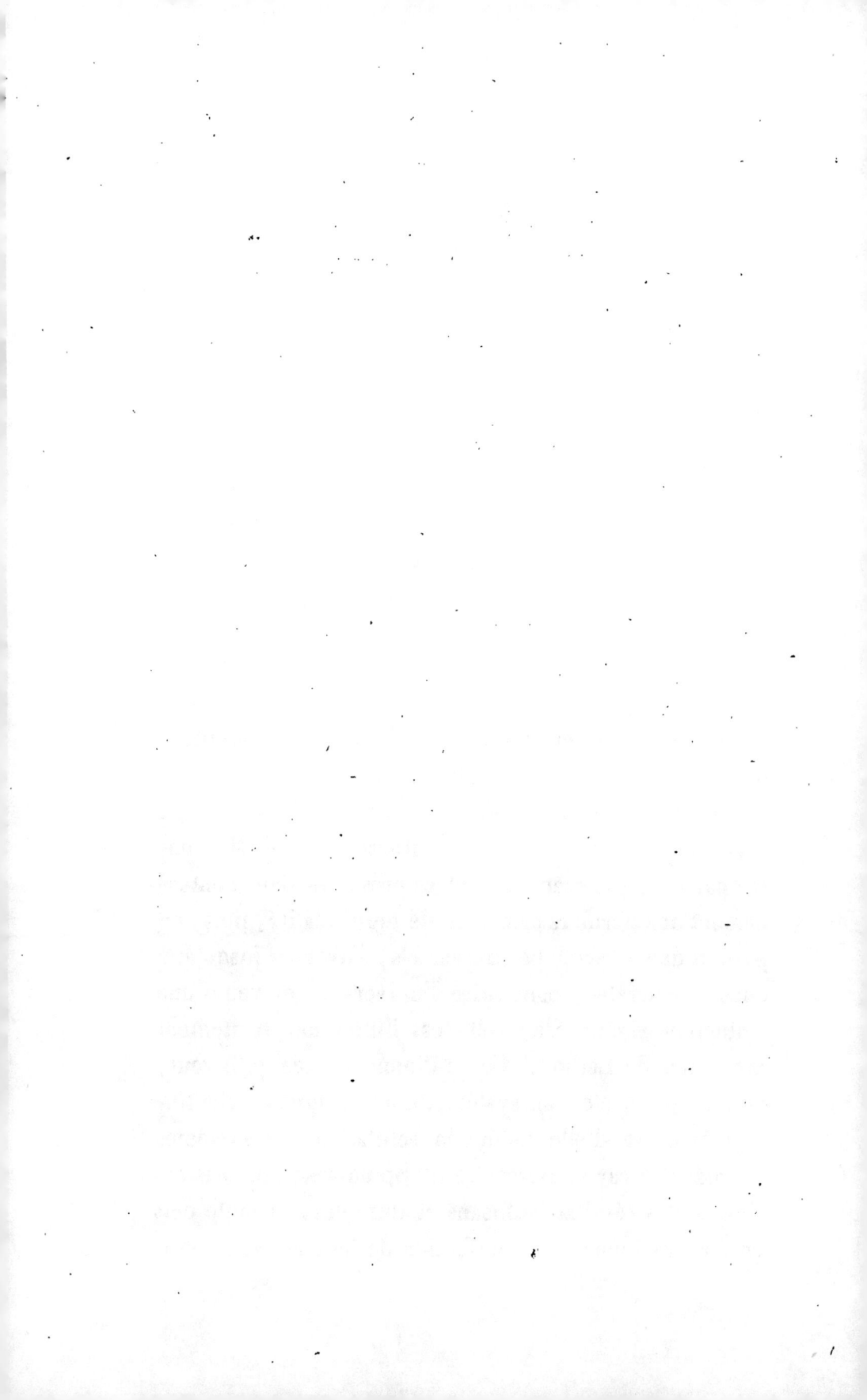

Les écrits de Leibnitz sur la philosophie présentent les contrastes les plus singuliers.

Leur tendance générale est systématique, l'esprit qu'on y voit régner est celui d'une synthèse absolue. Remonter par l'analyse exacte des idées présentes dans l'entendement aux derniers principes de toute réalité, puis, en partant de ces principes universels, s'avancer jusqu'aux choses concrètes; construire l'univers au moyen d'une déduction rigoureuse, telle est l'intention hautement proclamée de Leibnitz. Ce qu'il annonce, ce qu'il veut, ce qu'il pose, c'est un système, dont la rigueur scientifique amènera d'elle-même la réfutation des systèmes précédents; car si Descartes et Spinosa ne sont pas arrivés à des résultats suffisans et durables, la faute doit en être attribuée à l'imperfection de leur forme scientifique. Descartes, après d'heureux commencemens, s'est égaré, en abordant les questions les plus graves sans posséder les notions intermédiaires dont il était besoin; mais ce qui l'a jeté dans cette voie, c'est le défaut d'une suffisante analyse des idées élémentaires sur lesquelles portaient ses raisonnemens. Sévérité dans les déductions et tout d'abord sévérité dans l'analyse, tel est le seul moyen de prévenir des erreurs pareilles, d'assurer crédit et respect à la philosophie et d'obtenir la vérité. Tout dans Leibnitz est plein de cette pensée. Partout on sent la sécurité d'un esprit élevé au-dessus des apparences, pour lequel l'unité des phénomènes n'est plus un rêve à poursuivre, mais qui, par une analyse approfondie des faits fournis par l'expérience, a saisi la clef d'or qui ouvre toutes les portes. La nature, l'esprit créé, Dieu lui-même, tout semble s'expliquer par une seule pensée; toutes choses sont conspirantes, animées par la souffle d'une même vie, σύμπνοια πάντα; cette foule d'êtres, d'actions dans laquelle l'œil s'égare et ne voit qu'un cahos, s'unit dans un ordre admirable, et l'univers entier, créé pour la seconde fois par le génie, paraît s'élever comme un temple glorieux, comme une vivante architecture. Eh bien, Messieurs, dans quelle forme s'attendrait-on à voir la philosophie rendre compte de cette puissante synthèse? Sans doute dans une forme pareille à son objet, une et liée comme son objet. Un grand livre, un grand poëme reproduira cette grande vue. La multiplicité des définitions et des axiômes ne fera plus, comme chez Spinosa, mettre en question l'unité de l'ensemble et n'en dérobera plus les défauts. Comme tout sort d'un seul principe, dans lequel tout doit rentrer, l'exposition aussi, fondée sur les résultats de l'analyse, avançant par de rigoureuses démonstrations, se développera dans de vastes proportions, et l'unité systématique de l'écrit sera à la fois le symbole et le garant de l'unité systématique de la pensée.

Cette attente est naturelle, mais elle n'a point été remplie. Les seuls ouvrages philosophiques de quelque étendue que nous ait laissés Leibnitz sont la Théodicée et les Nouveaux Essais sur l'Entendement humain. Le caractère des Nouveaux Essais est entièrement critique. Les vues propres de Leibnitz n'y sont développées qu'incidemment et sans liaison. La Théodicée ne traite qu'une question particulière à laquelle on ne peut arriver (en partant des principes) qu'après en avoir résolu plusieurs autres. D'ailleurs cet écrit s'écarte considérablement, dans la forme du moins, de la direction que les précédens ouvrages spéculatifs de Leibnitz semblaient annoncer. Aussi plusieurs (même parmi les contemporains) sont-ils allés jusqu'à douter que son auteur l'eût pris au sérieux ; tandis que de bons juges y ont vu un changement dans le fond de la pensée et le fruit d'un nouveau système. Pour trouver l'unité de la Théodicée et de la philosophie que Leibnitz présente ailleurs, il est besoin d'une discussion sévère. Cette indication suffit pour faire comprendre que la Théodicée ne saurait servir de base à notre exposition. De brefs résumés sans forme démonstrative, des lettres, des expositions fragmentaires, tels sont les documens dans lesquels l'historien de la philosophie doit chercher le système de Leibnitz.

Si l'on en croyait ce grand génie, l'organisme spiri-

tuel de l'univers se dévoilerait à demi au faible regard
de la créature, qui l'entrevoit dans la variété des phénomènes sensibles. Pareil est le destin de celui qui cherche dans ses écrits l'organisme de sa pensée. Il l'entrevoit par de soudains aspects et comme dans une lointaine
perspective. Il faut retrouver l'unité spirituelle, la reconstruire. On l'a souvent essayé, mais tous les essais
n'ont pas été heureux. Jusques à quel point cette forme
brisée provient-elle des circonstances extérieures, jusques
à quel point tient-elle au fond même des idées et de la
philosophie de ce grand penseur ? C'est une question que
nous ne saurions peut-être éloigner absolument. Pour
le moment il suffit de l'indiquer. Mais ce que nous venons de dire fait comprendre quelle doit être notre première tâche. La philosophie de Leibnitz a été souvent
mal comprise. Quelque temps oubliée, on la relève aujourd'hui avec un intérêt nouveau [1], et l'on s'efforce
même de rattacher à son nom une restauration philosophique. Nous devons nous expliquer franchement sur la
valeur de ce système ; mais pour obtenir le droit de le
juger, il faut d'abord en présenter l'exposition d'une manière tout à fait indépendante de nos vues propres, c'est-
à-dire, Messieurs, au moyen des paroles même de son
auteur. Cependant nous ne pouvons pas ici nous borner
à lire, en les commentant, les principaux passages. Il
faut grouper dans un ordre naturel les doctrines essentielles, assez distinctes, du reste, et assez célèbres ; puis,

---

[1] Deux éditions de Leibnitz viennent de paraître en Allemagne. La première
est due aux soins du docteur Gurhauer, la seconde embrassant les écrits philosophiques seulement, est publiée par le professeur Erdmann de Halle, auteur
d'une excellente histoire de la philosophie moderne.

après avoir élevé la charpente de l'édifice, chercher dans les opuscules nombreux de Leibnitz les passages qui ont trait à telle ou telle proposition fondamentale, qui l'expliquent, la restreignent ou l'étendent. Nous reconstruirons ainsi, pierre à pierre, brin à brin, l'unité de l'ensemble. Mais quand nous aurions mis à profit tout ce que nous avons de Leibnitz pour une exposition de son système plus complète et plus détaillée qu'il n'en a jamais présenté lui-même, nous n'aurions point encore achevé notre tâche ; ce que nous posséderions alors c'est un Leibnitz écrit, mais non pas l'esprit, la vie, le pourquoi de son système, rarement la démonstration des propositions qu'il avance. La forme de ses ouvrages est dogmatique, on ne trouve de discussion des principes que çà et là, volontiers dans la correspondance. Il faudra donc interroger ces citations, en résumer le sens, les interpréter, pour arriver à ce que nous désirons, la pensée de ce grand philosophe.

Ce que Leibnitz, voulait, c'était se rendre raison des choses, résoudre les problèmes donnés par l'expérience, voilà tout. Pour cela, MM., il inventa des hypothèses, content si ces hypothèses remplissaient leur objet, c'està-dire, si par leur moyen on pouvait expliquer les phénomènes, sans tomber dans des contradictions. Ainsi la philosophie de Leibnitz s'éloigne beaucoup par sa forme de ce que feraient attendre la confiance de son auteur dans une méthode logique absolue et l'esprit systématique dominant chez lui. Elle se produit comme une sorte de narration, une épopée, ou un roman métaphysique si vous voulez, dont les motifs et l'intention spéculative n'apparaissent pas d'abord. Pourquoi Leibnitz avance-t-il

les choses dont il parle, c'est ce qu'on ne sait pas, MM.,
jusqu'à ce que l'on voie quels résultats il obtient par
là, et quelles difficultés il évite. — Mais dans l'invention
de ces hypothèses, Leibnitz ne marchait pas à l'aventure, sans autre dessein que celui de trouver une opinion plausible quelconque. Il était guidé par une vue
fondamentale, par le besoin de faire prévaloir deux
grandes pensées qui sont l'âme de toute spéculation, la
base et le but de ses systèmes aventureux et brillans, le
titre éternel de sa gloire.

La première de ces idées ou de ces intuitions, pour
l'amour desquelles Leibnitz a philosophé, c'est que toute
substance, toute réalité est au fond de nature *spirituelle*.

La seconde, c'est que l'être particulier, l'*individu* est
plus qu'une apparence, une simple forme, mais qu'en
lui réside un principe essentiel, une réalité éternelle qui
le distingue de tous les autres.

Telles sont, MM., les deux grandes vues que Leibnitz
a voulu faire prévaloir dans la philosophie. Le sentiment
profond de ces deux vérités est ce qu'il y a chez lui de
plus caractéristique, c'est le fond de son originalité. C'est
par là que Leibnitz est Leibnitz. C'est par là aussi que
Leibnitz est plus qu'un individu philosophant, mais
qu'il est le représentant des besoins de la pensée à l'é-
poque où nous sommes arrivés, l'expression naturelle
et, dans un certain sens, nécessaire, de l'esprit philo-
phique en général.

En revendiquant pour les individus un droit éternel à
l'être, une réalité indépendante, Leibnitz continue la
philosophie précédente en même temps qu'il la réfute,
car cette proposition : « Les individus ont une réalité par

eux-mêmes, » est le dernier résultat du spinosisme, bien que ce résultat soit en contradiction complète avec le premier principe de Spinosa et avec la tendance de tout son système [1].

Le second caractère de la philosophie de Leibnitz, l'idéalisme, n'était pas moins que le premier un résultat des besoins généraux de la philosophie. La marche régulière et logique du développement de l'esprit humain, réclamait l'apparition d'un système idéaliste dans ce moment, comme contrepoids à la tendance réaliste des doctrines contemporaines, dont le développement exclusif devait conduire (et il l'a fait) à la négation de l'esprit et à la ruine de toute philosophie, dans la soi-disant philosophie matérialiste du siècle dernier.

L'antagonisme de ces deux tendances, le réalisme et l'idéalisme, était donné dans le point de départ de cette seconde période de la philosophie moderne. Ce point de départ, c'est, disons-nous, la réalité des êtres particuliers. Or les êtres particuliers sont de deux natures, les esprits et les corps; il suit de là pour la philosophie, toujours fidèle à son instinct d'unité, la nécessité de chercher la réalité fondamentale ou dans les esprits ou dans les corps exclusivement, d'expliquer les êtres matériels par l'esprit, ou l'activité spirituelle par la matière.

---

[1] Spinosa n'admet qu'une substance. Les êtres particuliers sont des modes de cette substance absolue, mais comme Spinosa ne trouve dans la nature de la substance universelle aucune raison d'être pour ces modes, il faut, ou les effacer absolument, ce que l'expérience ne saurait permettre, ou bien leur reconnaître, leur *laisser* une existence indépendante. Les systèmes philosophiques ne sont pas seuls assujettis à cette grande loi d'ironie qui nous fait trouver dans la conclusion la réfutation des prémisses.

Le réalisme et l'idéalisme, Locke et Leibnitz, sont en germe dans cette proposition, résultat involontaire de la période précédente : « Les individus ont une existence indépendante. »

Nous pouvons ranger sous la bannière du réalisme les sceptiques et les mystiques du dix-septième siècle, par lesquels commence cette seconde période de la philosophie moderne, et dont nous n'avons pas fait l'objet d'une étude spéciale. Ils sont réalistes par leur résultat général et négatif. En effet ils diminuent l'importance, la réalité de l'être connaissant, sans modifier sensiblement les idées reçues sur la nature de l'être corporel ou étendu. Cette méfiance vis-à-vis de l'esprit aboutit à l'empirisme de Locke, avec lequel le réalisme prend un caractère positif. L'idéalisme de Leibnitz fait contrepoids soit au réalisme négatif des sceptiques et des mystiques, soit au réalisme positif de Locke et de l'empirisme fondé sur la sensation. Cette opposition voulue et réfléchie était amenée par le développement naturel de la philosophie. En effet il n'y avait pas, au point de départ de cette période, plus de raison pour s'attacher à l'objet de la sensation qu'au sujet de la pensée. Les deux espèces d'êtres particuliers avaient pour ainsi dire un droit égal, et la philosophie devait naturellement se partager dans les deux directions divergentes du sensualisme et de l'idéalisme.

En relevant les traits fondamentaux de la philosophie de Leibnitz, nous avons obtenu un double résultat :

1°. Nous avons éclairci, expliqué, sinon encore justifié notre opinion sur la place que prend Leibnitz dans l'ensemble de la philosophie. Entre Spinosa et Kant, on pourrait dire non moins bien entre Schelling et Spinosa, son nom remplit, durant un siècle entier, une moitié de la scène, et représente la spéculation proprement dite, vis-à-vis de Bayle, de Locke et des philosophes issus de Locke.

2°. Nous nous sommes placés nous-mêmes dans le point de vue de Leibnitz, nous avons acquis les moyens d'interpréter et d'apprécier ses expositions comme il l'aurait fait lui-même, de remplacer dans l'esprit de tout le système les intermédiaires négligés, enfin d'en présenter une critique objective, inhérente pour ainsi dire au système en examinant comment les résultats répondent au but que l'auteur s'est proposé.

Après avoir exposé les théories de Leibnitz en rassemblant ses propres énoncés, nous chercherons à résoudre dans l'esprit et dans la conséquence de ces théories, les questions sur lesquelles Leibnitz ne s'est pas exprimé d'une manière rigoureuse ou complète. Nous essaierons de retrouver les intermédiaires qui étaient dans sa pensée, mais qui manquent dans ses écrits. En un mot nous chercherons, autant que nous le permettent nos forces et le temps si court dans lequel nous sommes obligés de nous circonscrire, à *développer*, à *déterminer* le leibnitzianisme selon l'esprit de son auteur [1]. Puis nous apprécierons le système produit sous nos yeux au point de vue des intérêts spéculatifs qui l'ont fait naître et des idées

---

[1] Cette partie de notre travail demanderait de grands développemens. Le petit nombre de leçons auquel il a fallu nous borner, nous oblige de nous en tenir à des indications très-rapides ; cependant les points essentiels n'échapperont pas au lecteur attentif.

fondamentales qu'il cherche à établir , nous examine-
rons son organisme et son enchaînement intérieur. Enfin, nous l'envisagerons sous un autre aspect, dans ses
rapports avec l'ensemble et le but final de la philosophie. Cette critique partant du point de vue de nos propres convictions ne saurait se confondre avec la première sans nous obliger à traverser tous les intermédiaires qui séparent Leibnitz de la philosophie que nous
cherchons et dans laquelle nous aussi avons la prétention de voir un résultat les efforts de l'esprit jusques à maintenant.

Exposition littérale , développement génétique , critique immanente et critique générale — voilà quatre tâ-
ches que nous nous efforcerons de tenir intérieurement
bien distinctes, sans nous attacher à établir des séparations
tions extérieures qui gênent le mouvement de la pensée,
sans profit réel pour la clarté.

Le moyen que Leibnitz considère comme seul propre à fonder une véritable philosophie, c'est, nous l'a-
vons vu, l'analyse des notions les plus générales. Il
s'agit donc de ramener ces notions à leurs élémens les
plus simples et d'en présenter des définitions telles qu'il
en puisse résulter une parfaite connaissance, une idée
claire, distincte et adéquate; *claire,* c'est-à-dire à l'a-
bri de toute confusion; *distincte,* parce qu'on en possède tous les élémens; *adéquate,* parce que ces élémens
eux-mêmes sont parfaitement connus.

Le point de départ étant ainsi donné, savoir une
connaissance adéquate des notions universelles, les conséquences tirées de là par une déduction logique régulière ne pourront manquer d'être vraies, et ces vé-

rités seront la philosophie. Sous quelque forme que se présentent donc les propositions dans lesquelles Leibnitz exprime ce qu'il considère comme la vérité philosophique, ces propositions ne peuvent être pour lui que la conséquence logique et nécessaire de ces premiers principes dont une analyse antérieure aura fourni la connaissance adéquate dans une véritable définition. L'enchaînement des idées sera nécessairement un enchaînement logique, et la vérité des propositions particulières résultera de cet enchaînement logique. C'est un caractère de tout le système ; c'est ainsi qu'il faudra lier, si possible, les idées de Leibnitz pour en faire un système. Quelles sont donc ces notions primitives, ou plutôt, quelle est la notion primitive que Leibnitz doit approfondir d'abord pour en faire la base de tout ? C'est la notion de *substance.*

Le choix de cette notion n'est pas arbitraire. Il est le résultat d'une réflexion assez naturelle. Toute réalité, tout objet de nos pensées est *substance* ou la suppose. Ce qui n'est pas substance n'a d'être que dans la substance et par la substance, soit comme attribut, qualité de la substance, soit comme relation entre les substances. Déterminer précisément ce qu'est la substance et en quoi elle consiste, c'est se mettre au clair sur le fond de tout, c'est le premier pas, le pas décisif dans la connaissance réelle des choses : « et c'est pour avoir négligé cette analyse que Descartes, après avoir heureusement commencé la restauration des études métaphysiques, a manqué le but, en admettant que l'essence du corps est l'étendue, et s'est jeté dans un dualisme absolu qui l'a privé de tous les moyens de rendre intelligible l'union de l'âme et du corps [1]. »

» Une vue profonde de ce qu'est la substance nous donnerait, dit Leibnitz, les vérités premières sur Dieu, sur les âmes, sur la nature des corps, vérités dont quelques-unes sont connues, mais non pas démontrées, tandis que les autres, encore ignorées, jetteraient le plus grand jour sur les sciences. »

Eh bien! quelle idée plus simple ou plus immédiatement présente à l'esprit pourrait jeter du jour sur cette importante notion de la substance? Cette idée, MM., Leibnitz la propose sans préambule, c'est l'idée de *force*. Ainsi, le fond de toute substance c'est d'être *force*. Mais pour comprendre à son tour ce que c'est que la force, il faut saisir cette idée dans la plénitude de réalité qu'elle présente immédiatement à l'esprit et non dans une définition abstraite. La puissance active, telle qu'on l'entend dans les écoles, ou la faculté, n'est autre chose que la possibilité abstraite d'une action quelconque, de sorte que pour passer à l'acte, pour agir, elle a encore besoin d'une excitation étrangère. La véritable force au contraire, *vis activa*, a toujours une certaine actualité, elle flotte entre la simple faculté ou possibilité d'agir et l'acte lui-même, la force réelle contient en soi une tendance, un effort. L'action lui est inhérente; elle se met donc en action par elle-même; et pour agir réellement elle n'a pas besoin d'un stimulant, mais seulement qu'il n'y ait pas d'obstacle. C'est comme un poids qui tend une

[1] OEuvres de Leibnitz, tome II, pages 19, 20.

corde, ou comme un arc bandé ; la tendance à agir est
toujours présente. Telle est la force d'action inhérente
à la substance, de sorte qu'en un sens, toute sustance
agit toujours. Ainsi, la force contient toujours une
énergie ; une force qui n'agirait point ne serait rien,
et si la substance n'avait pas un tel principe de force,
elle ne serait rien par elle-même, elle n'aurait pas de
réalité.

Nous présenterons donc de la substance l'idée la
plus générale possible en la définissant ainsi : *La substance est un être capable d'action* [1]. Ce qui n'agit point
n'est pas substance : cette idée revient à toutes les pages. Il résulte de là que la substance corporelle, non
moins que la spirituelle, ne peut jamais cesser d'agir ;
c'est une réfutation suffisante de ceux qui en font consister l'essence dans l'étendue seulement, ou même,
dit Leibnitz, dans l'étendue et dans l'impénétrabilité.
On pourrait appeler cette force active essentielle à
toute substance une *forme substantielle*. Dans l'usage
scolastique le mot *forme* prend un sens actif ; forme
veut dire, ce qui forme, ce qui agit, un principe d'action. Toute substance est donc forme substantielle, c'est-
à-dire principe permanent d'action. Le mot générique
obscur ἐντελεχεία sous lequel Aristote range l'âme comme
une espèce, doit encore vraisemblablement être consi-
déré comme un synonyme du mot *force* [2]. L'âme rentre
selon lui dans la classe des actes ou des entéléchies, et il
distingue entre les actes successifs et les actes permanens. Ces actes permanens ou entéléchies sont donc des

[1] OEuvres de Leibnitz, tome II, page 52.
[2] Théodicée, édition d'Amsterdam, tome II, page 189.

principes permanens d'action, puissances actives, et qui
cependant demeurent puissances et ne s'épuisent pas
dans leur action [1].

Vous reconnaîtrez, MM., sans qu'il soit nécessaire
d'insister beaucoup, que la force doit être entendue
ainsi pour que le mot réponde à une réalité, et que toute
force ne peut en effet être considérée que comme tendant
naturellement à l'action. Il serait moins aisé peut-être de
nous expliquer sur la prétention de Leibnitz de ramener
toute substance à la force, et de poser l'activité comme
le caractère fondamental et l'essence, non-seulement de
tout ce qui existe effectivement, mais de tout ce qui
peut exister.

Nous ne saurions aborder cette immense question en
passant. Elle nous détournerait pour longtemps, sans
doute, de l'étude historique dans laquelle il faut nous
concentrer. J'abandonne à vos méditations ce problème,
qui est capital dans la philosophie. Il ne s'agit de rien moins
que de savoir ce que c'est que d'*être*. Mon sentiment
particulier (qui n'est rien), s'accorderait avec l'intuition
de Leibnitz. Mais j'ajouterai que la spéculation moderne tout entière est partie du même sentiment, et con-

---

[1] Il semble que chez Aristote l'entéléchie en général est la réalité positive ou
l'actualité, opposée à la possibilité nue ou à la capacité; c'est pourquoi il l'attribue aux actions, (comme pour le mouvement et la contemplation), aux qualités et aux formes accidentelles (comme la science, la vertu), aux formes des
substances corporelles et particulièrement aux âmes, qu'il considère comme les
formes des substances vivantes. (Leibnitz Otium Hanoveranum, page 552.)
Telle est l'entéléchie considérée comme une qualité de l'être, c'est dans ce sens
que Hermolaüs Barbarus traduisit ce mot par le latin (?) *perfecti habia*. On tire
aisément de là ce que désignerait l'entéléchie prise pour une substance, comme il
arrive souvent chez Leibnitz ; ce sera la substance douée de l'entéléchie, la substance accomplie, c'est-à-dire essentiellement et actuellement active.

firme de son autorité cette vue d'un grand génie,
qu'elle s'efforce de préciser. Pour en rester à Leibnitz,
vous voyez que dès les premiers pas, en définissant la
substance un être capable d'action, il proclame la vie
universelle et, nous pouvons déjà le dire, un spiritualisme absolu. Tout est puissance vivante, tout est
esprit.

Si l'on demandait comment Leibnitz est arrivé à la
détermination de la substance qu'il nous présente, je
répondrais que c'est par l'observation de soi-même, par
le sentiment intime [1].

La seule substance qui nous soit connue d'une manière
immédiate et intuitive, c'est nous-mêmes, c'est notre
âme, si vous voulez. Dans cette conscience que nous
avons de notre être, nous nous trouvons force active et
vivante. Si donc nous essayons de comprendre ce que
peuvent être en soi les autres substances que nous ne
saisissons point ainsi du dedans et dans leur essence,
nous ne pouvons le faire que d'après l'analogie de la
seule substance que nous connaissions. « Qui pourra
jamais douter » dit Leibnitz, « que notre esprit ne
» pense et qu'il ne veuille par lui-même? Celui-là

---

[1] Le traité de Glisson, de *Natura substantiæ energeticâ, seu de vitâ naturæ*,
était consacré au développement de la même vue; Glisson n'était ici que le con-
tinuateur de Campanella. Quoique Leibnitz ne cite pas Glisson, ces travaux an-
térieurs étaient sans doute parfaitement connus de lui, mais ce n'est pas ce dont
il s'agit ici. Pour s'assimiler une idée étrangère, il est besoin d'un travail propre
et d'une confirmation intérieure, aussi bien que pour produire une vue nouvelle.
On a appelé la philosophie de Leibnitz un éclectisme; sa forme a quelque chose
d'éclectique. Au fond elle est originale. Dans le sens dans lequel on peut appeler
la philosophie de Leibnitz éclectisme, toute philosophie est éclectique, et doit
l'être.

» ne nierait pas seulement la liberté humaine et ne re-
» jetterait pas seulement sur Dieu l'origine du mal, mais
» il contredirait ouvertement notre expérience intime
» et le cri de notre conscience. Que si donc nous attri-
» buons à notre esprit une idée innée de produire des
» actions immanentes ou, ce qui est la même chose,
» d'agir d'une manière immanente, rien n'empêche, il
» est plutôt fort naturel, qu'une force pareille soit inhé-
» rente aux autres âmes, aux autres formes ou, si vous
» aimez mieux, à la nature des substances ; à moins que
» l'on ne prétende que nos âmes sont les seuls êtres actifs,
» et que toute espèce d'action immanente ou de vie doit
» être nécessairement unie avec l'intelligence ; assertion
» que rien du tout ne confirme et qu'on défend malgré
» la vérité. » Dans ce passsage Leibnitz n'essaie pas de
prouver la justesse de son idée de substance, il l'affirme
en s'appuyant sur l'analogie de notre âme.

Le raisonnement nous conduirait, du reste, aux mêmes résultats, par l'impossibilité de suivre une autre
opinion dans ses conséquences. Si l'on n'admettait pas
en toute chose une force innée, une âme ou un principe
substantiel de même nature, on arriverait nécessairement à ne reconnaître aux choses particulières aucune
réalité. « C'est Dieu qui fait tout, qui produit immédiatement tout mouvement et toute action, selon l'opinion
des Cartésiens, que Mallebranche a défendue avec talent
sans la prouver. » Mais il faudrait dire plus encore, il
faudrait dire : « Dieu est tout. »

Quelle serait en effet la réalité des choses ? Non pas,
sans doute, leur matière visible qui est dans un flux
continuel. Les choses particulières ne seraient que des

apparences éphémères de l'unique substance, opinion des plus fâcheuses, dit Leibnitz, renouvelée de nos jours par un écrivain subtil, mais profane (Spinosa) [1].

L'activité est donc l'essence de la substance; ainsi, non-seulement tout ce qui agit est substance, mais toute substance particulière agit incessamment, sans en excepter le corps, dans lequel un repos absolu ne saurait se trouver.

[1] OEuvres de Leibnitz, tome II, partie II, p. 49, 58.

Seconde Leçon.

Sommaire. La monade. Impénétrable. Force immanente. — Chaque monade intérieurement distincte de toutes les autres. Principe d'individuation. Idéalité de la monade. Son activité en perception. Les composés sont des phénomènes. Matière première et matière seconde.

Les substances sont simples ou composées. Toutes les choses que nous voyons sont des composés, puisqu'elles ont une étendue, une figure et qu'elles sont divisibles. Tout cela suppose des parties. Une substance simple est celle qui n'a point de parties, or il faut qu'il y ait de telles substances simples puisqu'il y a des composés; un composé n'étant qu'un agrégat d'êtres simples. « Après » bien des méditations je m'aperçus qu'il est impossible » de trouver les principes d'une véritable unité dans » la matière seule, ou dans ce qui n'est que passif, puis- » que tout n'y est que collection et amas de parties » à l'infini. Or la multitude ne pouvant avoir sa réalité » que dans des unités véritables qui viennent d'ailleurs » et sont tout autre chose que les points dont il est cons- » tant que le contenu ne saurait être composé; donc

» pour trouver ces vérités réelles je fus contraint de
» recourir à un atome *formel*, puisqu'un être matériel ne
» pourrait être en même temps matériel et parfaitement
» indivisible ou doué d'une véritable unité [1]. »

Tout ce qui existe n'étant formé que de substances simples, toute la nature est donc pleine de vie.

La substance simple est la monade. Ces monades sont les vrais atomes de la nature, en ce sens qu'elles sont indécomposables. Ce sont les élémens de toutes choses. Comme les monades ne sauraient se dissoudre, il est inconcevable qu'une monade puisse être détruite naturellement; il n'est pas moins impossible qu'une monade soit naturellement produite, car la seule production naturelle est une composition. Les monades ne peuvent donc commencer que par création, et finir que par annihilation. Elles durent autant que l'univers, qui sera changé, mais non pas détruit [2].

Les monades sont absolument inaccessibles à toute espèce d'influence étrangère; elles ne sauraient être altérées ou modifiées dans leur intérieur; rien ne peut y entrer du dehors, parce que toute modification opérée du dehors suppose un déplacement quelconque des parties, or les monades n'ont point de parties, elles n'ont point de fenêtres par lesquelles quelque chose puisse entrer ou sortir.

Cependant ces monades simples, inaltérables, doivent avoir quelques qualités, sans quoi ce ne seraient pas des êtres; or quelles qualités peut-on concevoir dans un être absolument simple, sinon la puissance de se modifier

---

[1] OEuvres de Leibnitz, T. II, I, 50.
[2] Principia philosophiæ et Principes de la nature et de la grâce, *passim*.

soi-même, une activité, mais, comme nous l'avons fait comprendre, une activité intérieure et immanente? Puisque les monades ne peuvent point être modifiées du dehors, il s'ensuit qu'elles ne sauraient pas davantage agir directement hors d'elles-mêmes, c'est-à-dire sur d'autres monades; leur activité est donc intérieure. — Cette activité doit être reconnue dans les substances ou dans les monades pour qu'il soit possible de les distinguer les unes des autres. Or il est parfaitement évident que les monades doivent différer intérieurement les unes des autres. Une analyse un peu profonde du principe de l'individualité fera reconnaître à tout le monde aussi bien qu'à Leibnitz qu'il ne saurait y avoir dans la nature deux êtres concrets absolument semblables. Au besoin, l'expérience se chargerait d'une telle démonstration, autant au moins qu'une proposition universelle peut ressortir de l'expérience. « Un gentilhomme d'esprit, de mes amis, en parlant avec moi en présence de Mme l'Electrice, dans le jardin de Herrenhausen, crut qu'il trouverait bien deux feuilles entièrement semblables. Mme l'Electrice l'en défia, et il courut longtemps en vain pour en chercher. Deux gouttes d'eau ou de lait regardées par le microscope se trouveront différentes [1]. Mais si tous les composés sont discernables, il faut bien que leurs élémens le soient; aussi la forme et l'arrangement ne peuvent pas rendre raison de ces différences, puisque les monades sont sans figure et sans étendue; si les monades n'avaient pas de qualités et ne différaient pas l'une de l'autre, nul mouvement ne pour-

---

[1] Omne individuum totâ suâ entitate individuatur. Dissertatio de principio individui.

rait être perçu et toutes choses seraient absolument identiques et indiscernables. « Avec le vide et les atomes on
peut sans doute rendre raison d'une partie des phénomènes, mais il y a longtemps que j'ai laissé là le vide
et les atomes, » contre lesquels le fait même de cette
différence interne qui se trouve nécessairement entre un
être individuel et un autre, élève un puissant argument.
Cette proposition : que nul être réel n'est absolument
pareil à aucun autre, est connue dans la philosophie depuis Leibnitz, sous le nom de principe des indiscernables.

Ce qui fait de chaque monade un être distinct, c'est
le principe même de son individualité, la puissance de
se modifier elle-même. Nous avons reconnu cette puissance en appelant la monade une force, car la force n'est
autre chose que le principe des changemens. La monade n'existe donc que dans un changement continuel,
et ce changement résulte d'un principe interne. La véritable distinction, source de toute distinction extérieure,
c'est celle qui s'opère dans la substance elle-même. Le
principe qui rend un être différent de tout autre, est
aussi celui qui le rend différent de lui-même dans chaque
moment de la durée. Ce principe, c'est l'activité. Nulle
activité ne saurait être conçue sans détermination, nulle
détermination sans distinction. Ainsi les deux principes
de Leibnitz se confondent. L'activité amène l'individualité. Aussitôt que la substance est reconnue active
dans son essence, on ne peut plus parler d'*une substance*,
mais de plusieurs substances, d'un nombre infini de substances. Au fond de tout, dans la source même de la
substance, il y a un principe d'individualisation ; ce prin-

cipe c'est l'essence même de la substance, l'activité.
Activité propre, distinction intérieure, particularité,
individualité, pluralité, toutes ces idées sont étroite-
ment enchaînées. Leibnitz est bref sur cette genèse du
principe des indiscernables et de toute la monadologie.
Il débute par poser la monade, sans se donner beaucoup de peine pour l'introduire. Cependant les considérations que nous venons de présenter lui étaient très-
familières. Elles seules expliquent les mots suivans :
Omne quod agit est substantia singularis [1]. Le principe
d'individuation revient dans les individus au principe
de distinction. *Principium individuationis idem est quod
absolutæ specificationis quá res ita sit determinata ut ab
aliis omnibus distingui possit* [2].

La monade ne subsiste que dans un changement continuel. Mais ces modifications ne se succèdent pas dans
la monade à l'aventure et sans loi. La monade n'est pas
seulement le principe de ces changemens, elle est encore
le type d'après lequel s'opèrent ces changemens qui
font la variété et la distinction des substances simples.
Cette variété d'états successifs est ainsi comprise dans
l'unité. La simplicité de la substance n'empêche pas la
multiplicité des modifications successives et simulta-
nées ; comme dans un centre ou point, tout simple qu'il
est, se trouve une infinité d'angles formés par les lignes
qui y concourent.

Cette pénétration absolue de l'unité et de la pluralité
est le caractère de l'esprit. La monade est une âme, ou

---

[1] Oeuvres de Leibnitz, T. II, p. 147.
[2] Nouveaux Essais, p. 188.

comme une âme. En effet quel nom Leibnitz va-t-il donner à cette série d'états passagers dans lesquels la substance se place par son activité et qui forme la variété de son existence? Il n'en trouve aucun sinon un terme employé pour les affections de l'âme. Cette modification intérieure et spontanée, idéale, de la substance simple, il l'appelle *perception*. Cette expression ne désigne ici qu'une modification intérieure ou spirituelle quelconque. Leibnitz considère la perception comme le caractère de l'activité de toute substance réelle ; mais cette perception n'est point encore la conscience , quoiqu'elle soit de même nature que la conscience. Quelques philosophes, les Cartésiens en particulier, n'ont voulu reconnaître d'autres perceptions de l'âme que celles dont elle a conscience. Cette opinion qui reposait sur un défaut d'attention grave les a conduits à de fâcheuses erreurs , ainsi sur les animaux machines, et à bien d'autres moins grossières en apparence , mais non moins importantes. Reconnaître que la monade est essentiellement active , qu'elle est active intérieurement, c'est reconnaître qu'elle perçoit nécessairement et toujours. L'essence de la perception est précisément une activité interne et spontanée. Ainsi les monades sont toutes de la nature de l'âme, ce sont des principes analogues aux âmes.

. Mais la perception particulière est un résultat déterminé, un instant que nous saisissons pour ainsi dire au passage dans le mouvement incessant de la force active. Cette force agit sans relâche, car l'acte, l'effort est compris dans son idée même, et nul obstacle à son activité ne saurait être conçu , puisque cette activité est tout intérieure. Ainsi la monade passe incessamment d'une

perception à une autre. Pour désigner cette impulsion
interne qui pousse l'être actif au changement, cet effort
incessant vers la transformation, cette soif de perceptions nouvelles qui est le fond même de son existence,
Leibnitz emploie le mot *appetitus*. On ne saurait trouver
une expression plus vivement frappée.

Ainsi les monades, substances simples, distinctes, impénétrables et inaltérables, sont l'unité spirituelle d'une
variété de situations intérieures qui se développent en
elles incessamment par leur force propre.

Les monades sont la seule réalité de l'univers.

Cette idée de la monade qui est le fondement de toute
la philosophie de Leibnitz, n'est pas, vous le voyez,
une hypothèse gratuite et sans racine dans l'observation.
Elle résulte d'une analyse des réalités concrètes. Cette
analyse est-elle complète? La régression est-elle poussée
jusqu'au bout? Avons-nous dans les monades de Leibnitz
impénétrables à toute action extérieure, privées elles-
mêmes de toute action au dehors, les vrais principes
des choses? Ceci, vous le comprenez, est une question
bien différente, et le moment de l'examiner n'est pas
venu. Il suffit aujourd'hui de vous faire remarquer comment dans l'idée de la monade se trouvent combinés et
réalisés à la fois les deux principes intérieurs du système. Les monades sont des forces actives, leur vie est
une perception, une représentation intérieure. Elles ont
en elles-mêmes le principe de leur être et la source de
leurs déterminations. Elles sont absolument et intérieurement distinctes les unes des autres : il y a donc autant
de substances différentes qu'il y a de monades. *Pluralité,
spiritualité,* tel est le monde des monades. Au centre

de l'idée de l'être Leibnitz a trouvé l'activité ; l'activité conduit à la distinction, et la distinction à l'individualisation ;
tout ce chemin de la pensée est résumé dans la monade.

Du reste, avec cette idée générale des monades nous
ne possédons encore qu'une vue abstraite de l'univers,
et nous sommes loin de pouvoir expliquer les phénomènes. Toutes les monades diffèrent les unes des autres, nous l'avons vu. Cette différence n'est pas cependant une absolue opposition ; l'observation et la réflexion
nous fourniront peut-être le moyen de les classer suivant leurs ressemblances.

Chaque monade forme une totalité impénétrable, mais
cela ne saurait être entendu dans ce sens qu'elles ne
soutiennent entr'elles aucune relation de quelque espèce
que ce soit. Le principe de la pluralité régnant seul
nous ferait sortir des conditions de toute pensée. Il n'y
aurait que des monades, il n'y aurait point d'univers.
Force est donc bien d'admettre dès l'entrée une classification quelconque des monades et de reconnaître qu'elles sont placées les unes relativement aux autres dans
des rapports dont nous aurons nécessairement à nous
occuper. Mais s'il y a quelque ordre, quelque hiérarchie
des monades, le principe de cette classification ne saurait se trouver que dans les monades elles-mêmes. Exa-
minons-les donc d'un peu plus près.

« Si l'on trouvait à propos de nommer âme tout ce
qui d'une manière générale possède la perception et
l'appétit (la perception conduit à l'entendement, l'appétit est le germe de la volonté), toutes les substances
pourraient recevoir le nom d'âmes [1]. Mais la faculté de

[1] Tome II, p. 22.

percevoir n'est pas la même chez toutes, quelques-unes
seulement s'élèvent jusqu'à des perceptions distinctes
accompagnées de mémoire. Le nom d'âme doit leur être
réservé. Celui d'entéléchie suffit aux autres monades,
que l'on pourrait appeler aussi monades nues, êtres vi-
vants dans la plus simple expression (*pura viventia*).
Ce qui distingue l'âme, c'est qu'à la faculté de se modifier intérieurement elle joint une sorte de conscience
de ses modifications et de sa propre existence. L'essence
de toute monade est perception, ainsi le nombre des
degrés d'âmes et de monades est infini comme celui des
degrés de perception. Chez tout être organique ou vivant il y a une monade supérieure et, dans un sens particulier, dominante. C'est la présence de cette monade
qui constitue son unité, car les corps inorganiques, ou
les corps proprement dits, n'ont pas d'unité et ne sont
pas des êtres. C'est un agrégat d'unités dont le nombre
est indéfini dans chaque partie. Ainsi, quoique chaque
unité soit vivante, l'on ne peut pas attribuer la vie au
corps lui-même. Un corps, composé d'entéléchies, est
comme un étang poissonneux; les poissons vivent, sans
doute, mais la piscine, elle, ne vit pas.

Puisque tout être vivant est un dans l'unité de son
entéléchie, on a le droit d'appeler tout être vivant éternel. Il l'est du moins naturellement, sa naissance n'est
qu'une évolution, sa mort n'est qu'une crise. Ceci s'ap-
plique à tous les animaux non moins qu'à l'homme, bien
que l'indestructibilité des premiers ne doive point être
confondue avec l'*immortalité* des âmes personnelles
douées de conscience et de souvenir. Loin de signaler
le commencement d'un être nouveau, on ne saurait

même admettre que la conception soit le premier moment où l'âme arrive à l'existence corporelle. La mort ne la prive pas non plus de tout organisme matériel. Puisqu'il n'y a point de première naissance et de génération d'un animal, il s'ensuit qu'il n'y aura point d'extinction finale prise à la rigueur métaphysique, et que par conséquent, au lieu de la transmigration des âmes, il n'y a qu'une transformation d'un même animal selon que ses organes sont pliés différemment et plus ou moins enveloppés. Quand les substances corporelles sont resserrées, tous leurs organes ensemble ne font qu'un point physique à notre égard. Et les points physiques ne sont indivisibles qu'en apparence. La mort n'est donc qu'une réduction à de moindres dimensions. C'est une vérité qu'avait déjà entrevue un grand génie de l'antiquité, Démocrite[1].

Si la matière ne se compose en réalité que de monades éternelles, il est clair que la monade aura toujours aussi en elle ce qui produit le phénomène réel de la matière. A côté de la variété successive et simultanée des perceptions, variété intérieure et spirituelle, Leibnitz, Messieurs, donne à chaque *âme*[2] une variété matérielle et phénoménale qui en est inséparable. C'est un cortége de monades secondaires. La matière de l'organisme est dans un flux continuel; mais comme le principe de l'organisme subsiste, l'organisme se renouvelle toujours, et l'âme ne saurait en être détachée naturellement. Mais outre le vêtement éternel de monades fugitives qui ap-

---

[1] Tome II, p. 52.

[2] A chaque monade dominante, non pas à chaque monade absolument.

partient aux monades supérieures, il est une autre matière encore, inhérente à toute monade quelconque, et
dont elle ne peut absolument pas être privée, car elle
appartient à leur essence même. C'est la matière première. Ceci est un point sur lequel Leibnitz a beaucoup
insisté. « Le principe actif que chez les êtres vivans nous
appelons âme, formant *avec* la matière (première) un
seul être et une seule substance, voilà ce qui constitue
la monade. » La substance, pourrions-nous dire en tra-
duisant ceci dans notre moderne langage, la substance
est une réalité. Toute réalité est concrète. La matière pure
n'est que la passivité pure. L'activité pure, la passivité
pure sont des abstractions. Ainsi, point de matière sans
activité, point d'activité sans matière. Cette passivité qui
n'est rien par elle-même, qui n'est point une substance,
est un côté, un aspect de toute substance particulière,
de toute monade. Vous trouverez le développement de
ces idées dans la correspondance de Leibnitz avec le père
de Bosses. Les trente lettres de Leibnitz au père de
Bosses sont riches en solutions sur le sens intime de
théories que Leibnitz présentait souvent d'une manière
plus ou moins populaire.

Nous avions appelé les monades simples entéléchies,
en raison de leur caractère dominant, l'activité immanente ou spirituelle. Maintenant qu'un examen plus ap-
profondi nous a fait découvrir un principe de passivité
dans la monade, nous avons besoin de donner à notre
langage scientifique plus de précision. L'entéléchie est
proprement la puissance active primitive dans la monade
ou dans la substance simple. La puissance passive primitive ou la matière première est son complément, et

tous les phénomènes, toutes les modifications de la substance, actions et passions, sont produites par le concours de ces deux principes primitifs. La puissance passive ou la matière première essentielle à la monade, est sans doute ce qui en assure l'unité dans le changement incessant de ses perceptions actives[1].

La substance corporelle ou matière visible est un phénomène résultant de ces deux principes, nous l'appellerons avec Leibnitz, *matière seconde*, pour la distinguer du principe matériel ou passif dans la monade, qui est la matière première. La matière seconde n'est, prise objectivement, qu'un composé d'entéléchies ou de monades, et comme nulle monade n'est associée à d'autres d'une manière indissoluble, on peut dire que l'âme n'est attachée à aucun corps. Ce qui constitue l'organisme, c'est la fixité de l'entéléchie suprême dans le flux incessant de toutes les autres[2]. La matière première, en revanche, qui ne consiste pas dans l'étendue, mais dans le besoin de l'étendue, *in extensionis exigentiâ*, sert de complément à l'entéléchie ou à la puissance active primitive pour constituer la substance parfaite ou la monade. Cette matière ou ce principe de passivité *(principium passionis)* est inhérent à l'entéléchie. La matière première est donc un être métaphysique (νsμεvov); Leibnitz recommande de ne point entendre cette doctrine dans ce sens qu'il faille assigner à chaque entéléchie, pour en faire une monade, une portion de matière infiniment petite, comme on se-

---

[1] Tome II, IIe partie, p. 53.

[2] Le plus ou moins grand degré de promptitude avec lequel s'opère le changement de la matière établit une différence entre les êtres. La liberté des anges et des esprits à cet égard est sans doute un trait distinctif de leur nature (II, 274).

rait tenté de le faire mal à propos, car cet atome de matière n'existe pas, la matière étant absolument divisible.

Ainsi l'âme change sa matière seconde, c'est-à-dire que les monades accessoires modifient leurs rapports avec elle, mais elle ne change pas sa matière première qui lui est essentielle, tellement que Dieu lui-même, qui par sa puissance absolue pourrait priver une monade de sa matière seconde, ne saurait la priver de sa matière première sans la rendre absolument pure (*actus purissimus*) comme il l'est seul[1].

Cette matière ou passivité première, c'est, pourrait-on dire, en entrant, je m'assure, dans le sens de Leibnitz, le sceau de la créature, c'est une limitation tellement inhérente à son essence qu'elle est comprise dans sa possibilité même, et l'on ne concevrait pas que Dieu pût créer un être qui en fût affranchi.

Notre fidélité à conserver la couleur originale de la philosophie de Leibnitz n'a pas été sans inconvéniens. Leibnitz s'exprime, avons-nous dit, d'une manière hypothétique. La pensée fondamentale se développe peu à peu, occasionnellement, à mesure que le besoin d'expliquer les faits le réclame. Aussi les résultats de nos recherches sont-ils assez complexes et peu ordonnés parce que nous n'avons pas atteint le fond. Nous avons cru pouvoir employer déjà l'idée de la monade, tandis que nous ne la possédions point d'une manière complète. Pour éviter une abstraction insupportable, il a fallu parler des agrégats et du phénomène de la matière

---

[1] Tome II, 275 et seq.

qu'ils présentent, avant d'arriver à ce qui, dans la monade considérée en elle-même, doit porter le nom de matière. Toute autre marche nous aurait écarté entièrement de la forme de notre auteur, et nous aurait conduit à des obscurités.

En résumé nous avons trouvé les principes d'une classification des monades, qui nous a permis de saisir la différence essentielle entre les êtres organiques et les choses dépourvues d'organisation.

Nous avons vu en quoi consistent les corps matériels.

Nous avons distingué la matière seconde, sensible, phénomène produit par les monades spirituelles de la matière première, métaphysique, qui appartient à la monade elle même. Cette notion de matière première complète notre analyse encore imparfaite de la monade en général. Mais nous ne sommes pas au bout.

Dans l'unité de la substance simple elle-même, il a fallu reconnaître deux principes, l'un force pure, l'autre passivité pure, principe de l'étendue et de l'impénétrabilité. C'est ainsi qu'en complétant notre idée nous avons pu la conserver, car sans la découverte de ce principe passif, notre première définition : « La substance est un être capable d'action, » se serait détruite et transformée, et nous aurions dû dire : « *La substance c'est l'activité* [1]. » Le principe de passivité inhérent à la

---

[1] Ce qui suit immédiatement fait voir que le système de Leibnitz tend en effet à substituer cette définition à la première. Leibnitz est suspendu, pour ainsi dire, entre les deux. Un abîme les sépare. La première se borne à affirmer une qualité essentielle du sujet, elle lui laisse une base, un fond, quelque chose d'autre encore que la qualité énoncée ; elle conduit au réalisme. La seconde prétend épuiser le sujet dans la définition ; c'est la prémisse cachée, le postulat essentiel, la clef mystérieuse de l'idéalisme formel avec lequel le passé philosophique vient de se clore.

puissance elle-même nous fournit seul les moyens de distinguer entre la puissance, qui est permanente, et l'acte incessamment fugitif. Mais cette dualité logique découverte dans la monade n'en compromet en aucune façon l'unité réelle et absolue, puisque ces deux principes, métaphysiques et abstraits, sont toujours combinés ; ils sont incomplets, impossibles l'un sans l'autre. La philosophie de Leibnitz s'élève ici au-dessus de la *réflexion* sur les phénomènes donnés par l'expérience. En s'efforçant de construire la réalité métaphysique par le concours de principes purement intelligibles, elle se rattache aux écoles de l'antiquité tout en prétendant à la spéculation moderne. C'est ainsi du moins qu'il est naturel d'entendre cette théorie de la matière première lorsqu'on la considère isolément ; c'est à cette vue que semblent se rapporter les expressions de *potentia passiva*, et d'autres pareilles, que Leibnitz emploie fréquemment. Cependant il n'est pas bien sûr que nous ayons atteint le sens profond qu'il faut trouver pour saisir la conséquence intérieure du système.

Si Leibnitz a véritablement un système, c'est l'idéalisme. On pourrait ramener la théorie de la matière première à un idéalisme absolu. La matière, dirait-on, est un phénomène résultant de l'imperfection des monades, et la matière première, source de toute matière, c'est cette imperfection même, inhérente à la monade créée ou dérivée, et qui empêche que toutes ses perceptions ne soient claires. Affranchir une monade de sa matière première serait donc transformer toutes ses perceptions en perceptions claires, ou, ce qui est la même chose, en faire un être absolument actif, un Dieu. Leibnitz emploie lui-même cette expression. Il n'y a en Dieu, c'est-à-dire dans la réalité absolue, aucune matière première, parce qu'il est pure activité. La matière première n'a donc pas de réalité, ce n'est qu'une idée négative, la limite du sujet, l'obscurité de ses perceptions.

La matière première, pourrait-on dire, c'est la faiblesse de l'esprit fini, voilà pourquoi elle est *extensionis exigentia.* La monade, à cause de cette faiblesse, ne peut pas saisir toutes les choses les unes dans les autres d'une façon purement spirituelle, elle a besoin de séparer les élémens de la variété pour les distinguer, et transforme ainsi en étendue extérieure un ordre tout idéal. La matière seconde ou sensible résulte donc de cette matérialité ou de cette obscurité subjective. Elle naît du besoin de voir les unes hors des autres les réalités, les monades, dont un plus fort esprit saisirait l'unité transparente. La matière naît donc pour chacun de ses propres perceptions obscures, et comme c'est par ces perceptions obscures qu'il saisit les autres monades, on peut dire que la matière, ou le complex des sensations (perceptions obscures), est l'intermédiaire qui unit son âme avec toutes les autres, le milieu, l'atmosphère des esprits, idée profonde que Leibnitz a peu développée et que peut-être il ne pouvait pas développer.

Dans son système, la matière lien des esprits ne peut guère signifier autre chose sinon que, sans matière ou si toutes les perceptions de la monade étaient claires, elle sentirait que le principe de toutes ses modifications est en elle-même, et ne chercherait rien au dehors.

Mais on peut donner à ce mot un sens bien différent. D'ailleurs, pour Leibnitz ce n'est point dire assez; la matière à ses yeux n'est pas nécessaire au *commerce* des esprits, elle est nécessaire pour leur pluralité, puisqu'il ne saurait y avoir plusieurs activités absolues; aussi, nous l'avons vu, n'existe-t-il point d'esprit sans matière, hormis Dieu. Ainsi Leibnitz, bien entendu sur ce point. ne conduirait pas immédiatement à Schelling, mais à Hegel, et tout d'abord à Fichte.

Il faut le reconnaître, l'explication de la matière comme pure limitation, ou obscurité de la perception, se déduit logiquement des principes de Leibnitz, selon lequel être n'est pas seulement agir, mais percevoir. En revanche, l'idée de deux puissances réelles développées en premier lieu ressort plus naturellement de la manière dont Leibnitz s'explique officiellement sur ce sujet, et nous semble d'ailleurs en elle-même plus près de la vérité [1].

** Le lecteur n'oubliera pas qu'il a sous les yeux des leçons dont la forme et le but défendaient également de s'engager beaucoup dans la discussion des questions incertaines et trop difficiles. L'auteur était loin d'ailleurs de posséder tous les matériaux nécessaires à la rédaction de ce travail; il lui manquait même des textes importans de Leibnitz. Ce n'est qu'après la rédaction du tout, et très-rapidement, qu'il a pu consulter l'exposition approfondie de Thomsen et le spirituel volume de Louis Feuerbach. (Geschichte der neueren Philosophie, II[er] Band. Anspach, 1857).

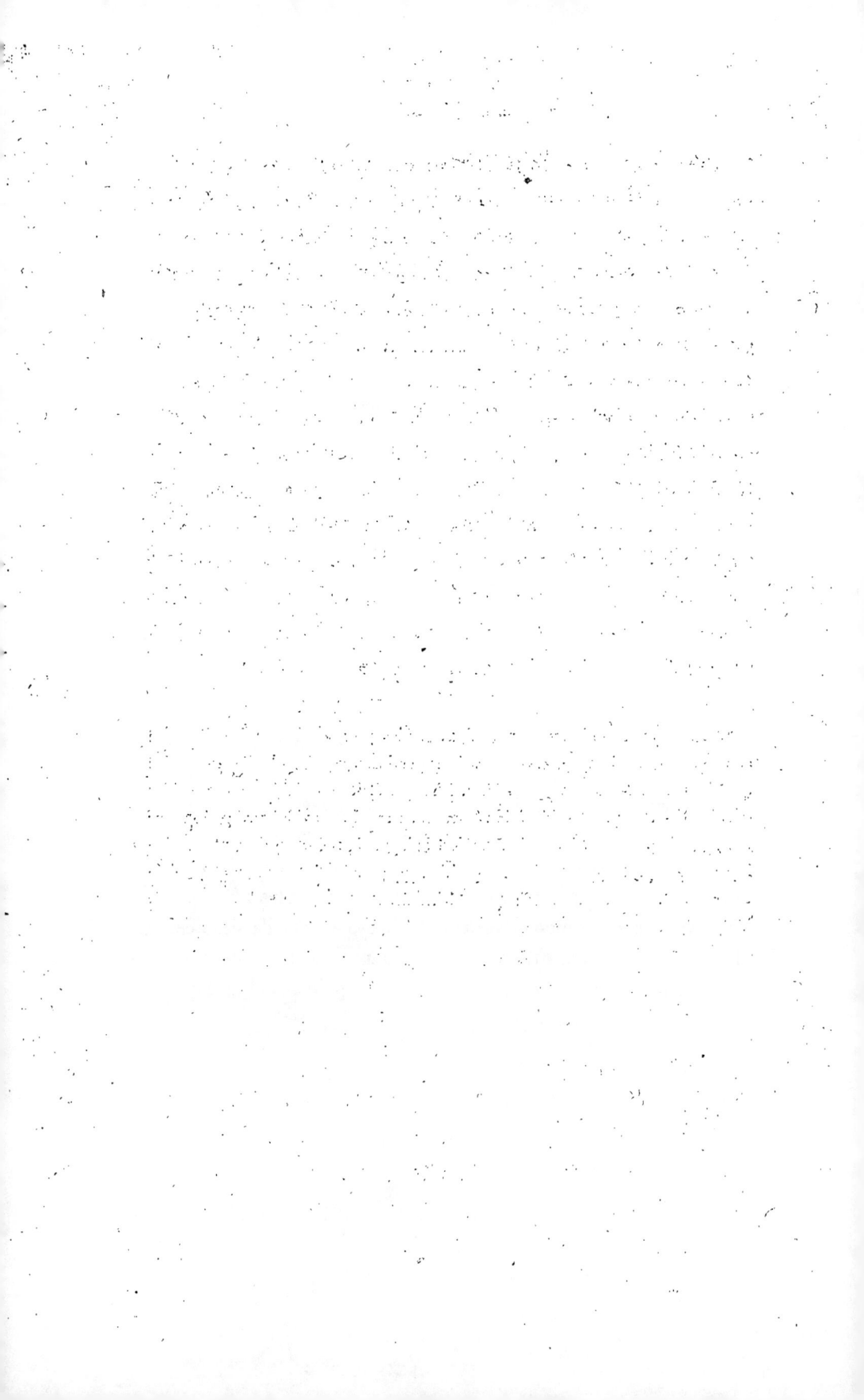

Troisième Leçon.

Sommaire. Les corps n'ont qu'une existence phénoménale. L'unité
de l'organisme est idéale. Théorie du *vinculum substantiale* destinée à assurer la réalité des substances composées. Elle ne peut
pas se soutenir. Degrés des monades. Rapports des monades
entr'elles, en particulier du corps et de l'âme. Théorie de la
connaissance. Action directe d'un être sur un autre incompa-
tible avec l'idée des monades. Critique du système de l'assistance.
Harmonie préétablie. Elle se présente comme une hypothèse indépendante, mais au fond elle est déjà impliquée dans l'idée que
la monade est une force perceptive.

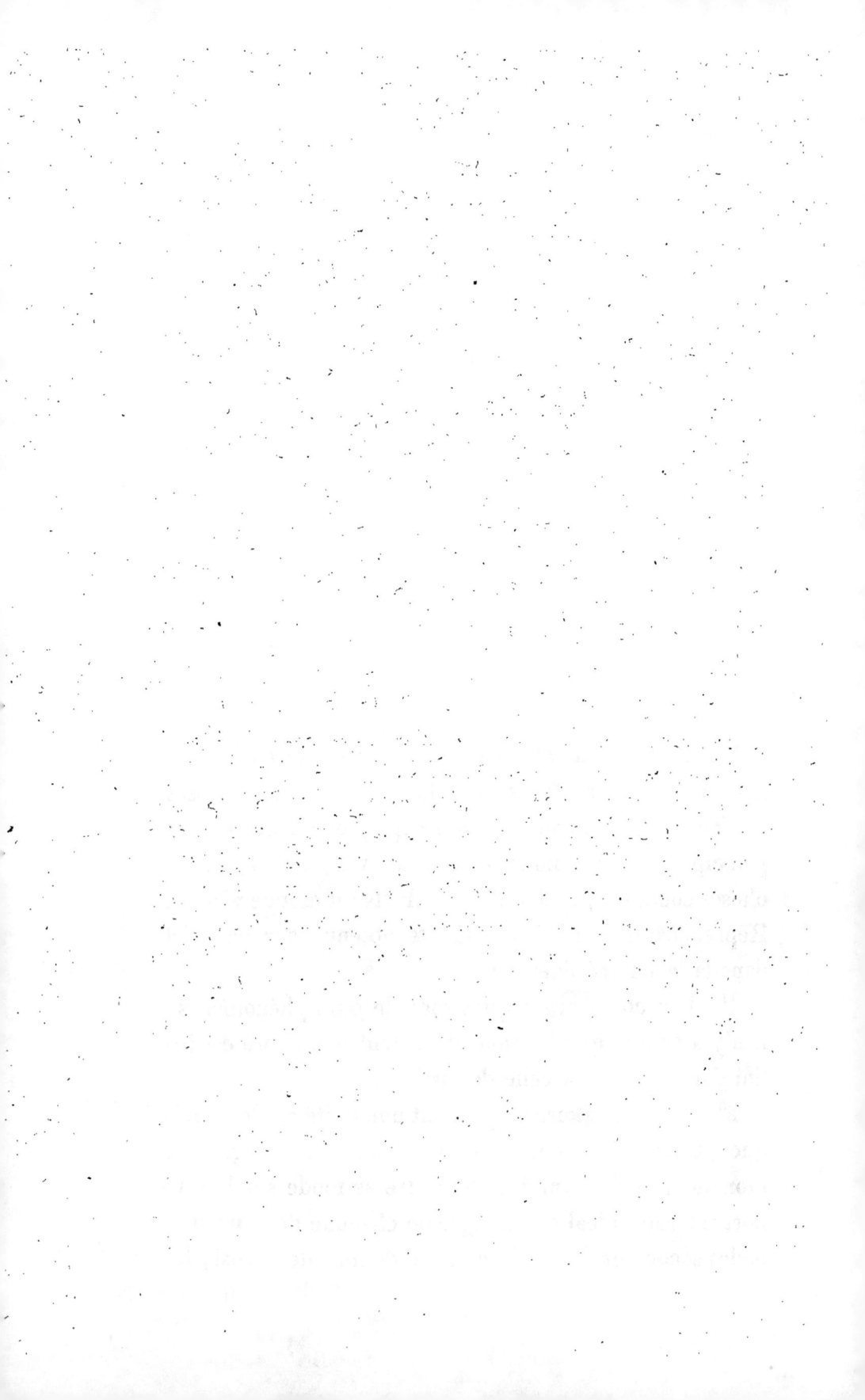

Messieurs, nous avons commencé par l'analyse de la notion substance. Nous cherchons maintenant à passer de l'analyse à la synthèse, et à expliquer au moyen des principes auxquels nous sommes arrivés, l'univers, les choses concrètes, et d'abord les objets du monde visible. Reprenons d'abord les résultats obtenus sur ce sujet dans la leçon précédente :

1°. Les corps organiques sont de purs phénomènes, il n'y a en eux que les monades, dont le nombre est infini dans chaque parcelle de matière.

2°. Les corps organiques ont une unité réelle, quoique purement idéale. Eux aussi sont des agrégats de monades, mais l'unité de leur être se fonde sur le rapport interne, idéal et passager de chacune de leurs monades secondaires avec la monade dominante. Ainsi, les monades qui composent le corps d'un animal sont elles-mêmes animales par leur relation spirituelle avec une âme animale. Le corps visible change, sans doute, par le flux des monades secondaires, qui sont autant de totalités en soi, mais le corps essentiel de l'animal demeure toujours attaché à la force vivante dont il est la matière primitive et l'essentiel complément.

Dans sa correspondance avec le père de Bosses, Leibnitz semble présenter une autre hypothèse sur l'unité des substances composées. Si rien n'est substantiel dans la substance composée *hors les monades,* dit Leibnitz, les substances composées, ou les corps, sont de purs *phénomènes.* Pour éviter cette conclusion, qui paraît répugner au grand philosophe, il faut que les monades comprises dans la substance composée soient unies par un lien réel. Et ce lien, indépendant des monades, doit être lui-même une *substance,* car si ce n'était qu'un accident, il ne saurait être un véritable lien; un accident n'étant jamais que l'accident d'*une* substance, d'*un* sujet, ne peut pas être commun à plusieurs sujets, à plusieurs substances. Il faut donc, outre les monades, un lien substantiel, *vinculum substantiale.* Et Leibnitz réfute avec soin les raisonnemens par lesquels son correspondant voudrait éluder cette substantialité du lien des monades [1].

Ce lien substantiel, impérissable comme les monades, doit être compris aussi bien qu'elles comme une substance concrète. On trouvera donc dans ce lien une puissance active et une puissance passive primitive, ou, dans le langage des péripatéticiens, une matière première et

[1] Tome II, p. 306.

une forme substantielle. Les modifications de ce lien
seront les modifications de la substance composée, modifications transitoires, tandis que le lien, lui, est permanent, non moins que la monade dominante, *œquè
ac monas dominatrix,* car il n'y a point de substance
composée véritable, c'est-à-dire constituant une unité
réelle, *unum per se,* sinon là où se trouve une monade
dominante avec un corps vivant organique. « Non dico
» inter materiam et formam dari vinculum, sed *ipsam
» compositi formam substantialem* et *materiam primam*
» sensu scholastico sumptam, id est potentiam activam
» et passivam etsi *vinculo* tanquam essentiæ compositi
» *inesse.* Interim vinculum hoc substantiale naturaliter,
» non essentialiter vinculum est. Exigit etiam monades,
» sed non essentialiter involvit, quia existere potest sine
» monadibus, et monades sine ipso [1]. »

Ce que Leibnitz appelle le lien substantiel ou, par une
liberté de langage singulière, la *substance composée elle-
même,* peut exister sans les monades, et le rôle de lien
qu'il suit vis-à-vis de celles-ci ne lui est pas essentiel.
Aussi-bien Leibnitz dit-il ailleurs: « Les modifications
de ce lien sont naturellement déterminées par celles des
monades, mais Dieu peut les déterminer indépendamment de celles-ci. La substance composée, poursuit-il,
ne se résout pas en parties, elle a besoin des monades
en raison de la position qu'elle a reçue, ex constitutione
suâ semel positâ, *verum non ex iis essentialiter constitui-
tur, alioqui foret aggregatum* [2]. »

---

[1] Tome II, p. 318.
[2] Tome II, p. 319.

Cette théorie, considérée comme le dernier mot de Leibnitz, nous laisserait dans d'étranges difficultés. Le lien de la substance composée peut exister indépendamment des monades, c'est une véritable substance. Comme telle, elle doit être jugée d'après les principes établis relativement à la substance d'une manière universelle.

Toutes les substances sont simples ou composées, dit Leibnitz. Ce n'est pas le lieu d'approfondir cette distinction et d'examiner la valeur logique du procédé par lequel Leibnitz arrive à la substance simple. Cette oppotion est de lui, c'est sur elle qu'il appuie toute la théorie des monades. Eh bien! le *vinculum substantiale* est-il simple ou composé? S'il est composé, c'est de substances simples. La substance simple c'est la monade. Le lien des monades va donc se résoudre lui-même en monades, et nous ne serions point sortis de la difficulté. Ainsi le *vinculum monadum* est nécessairement une substance simple. Telle est la pensée de Leibnitz lui-même, puisqu'il lui attribue une activité et une passivité *primitives*. Mais ce *vinculum* est, dit-il, la substance composée elle-même; la substance composée serait donc simple? Ne nous scandalisons pas trop de cette contradiction apparente dans les termes. Le nom de *substance composée* n'est sans doute, dans le passage dont nous sommes occupés, qu'une abréviation pour désigner ce qui donne à la substance composée une unité réelle, ou ce qui d'une pluralité indéfinie de monades fait une substance composée. Mais que ressort-il, quant au fond, de cette simplicité du lien des monades? La substance simple c'est la monade. Ainsi, Messieurs, le *vinculum* que nous cherchions à côté des monades, le *vinculum* qui devait s'ajouter aux monades, n'est autre chose lui-même qu'une monade. Le résultat auquel aboutit cette théorie du lien substantiel des monades est celui-ci : Il n'y a rien de réel dans les corps, même organiques, sinon les monades. — Si le *vinculum* est une monade, ne serait-ce point la monade dominante, l'âme ou l'entéléchie? Il semblait d'abord que non. Avec un peu d'embarras Leibnitz finit par reconnaître qu'oui. « Quæris tandem » per quod mea substantia composita differat ab entele- » chiâ. Dico ab eâ non differre, nisi ut totum a parte, » seu entelechiam primam *compositi* esse partem consti- » tutivam *substantiæ compositæ,* nempe vim activam pri- » mitivam. Sed differt a monade quia est realizans phæ- » nomena. Monades vero existere possunt etsi corpora » non essent nisi phænomena. Ceterum entelechia com- » positæ substantiæ semper monadem suam comitatur. » Et ita si monas sumatur cum entelechiâ, continebit » formam substantialem animalis.[1] »

Tout ceci, Messieurs, n'est qu'une défaite, dissimulée par l'ambiguïté du mot Entéléchie dans le langage scientifique de Leibnitz. Entéléchie signifie tantôt la monade complète, et en particulier l'âme dans les êtres organisés de la nature, tantôt le principe actif dans la monade par opposition à la matière première. Prise dans le second sens, l'entéléchie est sans doute un élément intégrant, *pars,* de ce qu'il appelle la substance composée, c'est la force active du *vinculum* Mais il en résulte précisément que l'entéléchie envisagée comme monade totale, ainsi qu'elle l'était dans la question à laquelle Leibnitz essaie

[1] Tome II, p. 521.

de répondre, se confond absolument avec le lien substantiel.

Cette théorie se détruit donc elle-même, et nous sommes obligés d'en revenir à la première. Il n'y a d'objectif que les monades. L'unité de l'être organique est une
unité idéale. Les corps sont de purs phénomènes ; comme
l'arc-en-ciel n'existe que pour l'œil qui le contemple,
les corps n'existent que pour l'esprit, pour la monade
qui se les représente. Dans ce sens Leibnitz est et demeure idéaliste, comme presque tous les philosophes.
Au surplus toute cette théorie du lien substantiel n'est
présentée par Leibnitz que comme une hypothèse pour
concilier le système des monades avec la réalité des
substances phénoménales. Il reconnaît partout lui-même
que rien, ni dans la pensée, ni dans l'expérience,
n'oblige à se prononcer pour cette réalité. « Les corps,
écrivait-il au même correspondant, sont des phénomènes, mais *des phénomènes vrais*, c'est-à-dire fondés sur
la nature essentielle de l'esprit qui les perçoit. La véra-
cité des sens consiste en ceci que les phénomènes soient
d'accord entr'eux. Les sens ne prononcent point sur les
choses métaphysiques [1]. » Ainsi lors même que les corps
ne seraient que de purs phénomènes, nos sens ne nous
tromperaient point. Il y a donc tout lieu de croire que
Leibnitz n'a jamais pris au sérieux cette doctrine du *vinculum substantiale*. Il semblerait, d'après la correspondance où on la trouve, qu'il l'imagina pour rendre la
Monadologie agréable aux partisans de la transsubstantiation. En effet la transsubstantiation, telle qu'elle est

[1] Tome II, p. 519.

entendue par l'Eglise, ne saurait guère s'accorder avec
l'idée que la substance composée n'est que phénomène,
puisque, d'après ce dogme, une substance est substituée
à une autre, sans que les phénomènes soient altérés.

Cette explication ne vous aura pas rendus plus indul-
gens pour l'aridité d'une discussion qui a maintenant
tout l'air d'un hors-d'œuvre. Tout le système des monades n'est plus, semble-t-il, qu'une curiosité d'anti-
quaire ; à quoi bon en fouiller les recoins les plus obs-
curs? Peut-être n'est-ce qu'une fantaisie de métier.
Mais la piété envers un si grand maître m'a paru défendre de passer sous silence une doctrine qui occupe une
place proportionnellement assez considérable dans ses
écrits philosophiques. Ces longues discussions sur la
matière première et sur le lien substantiel ne seront
d'ailleurs jamais tout à fait perdues. Elles auront précisé
à vos yeux la tendance décidément idéaliste de Leibnitz[1].
Nous reviendrons sur la théorie de Leibnitz relativement à la matière visible. Nous avons vu qu'elle est un
phénomène résultant de la nature des monades. Il faudra
préciser mieux encore son rapport avec la réalité spirituelle.

Les différences dans la perception déterminent les dé-
grés des monades. Le nombre de ces degrés, nous l'avons
dit, est infini. Il en est cependant quelques-uns plus importans ou plus apparens, sur lesquels nous devons nous
arrêter. Nous avons distingué d'abord les monades nues,

---

[1] Comparer, sur toute cette théorie difficile, la dissertation très-approfondie de
M. Thomsen. Systematis Leibnitiani Expositio. Schleswig 1852, p. 57 à 95.

limitées, dans un cercle de perceptions confuses, des
monades dominantes qui constituent l'unité de tout organisme. La hiérarchie des êtres organisés dépend de
la nature des monades dominantes; mais au-dessus et
au-dessous des classes que nous connaissons il y a sans
doute bien d'autres monades dominantes encore. En
dernière analyse tout est organisé.

La plante est la monade ou l'âme dormante. L'animal
est l'âme qui rêve. Elle se réveille dans l'homme. Pour
Leibnitz déjà les différentes sphères et les différens rè-
gnes de la nature sont les degrés successifs du développement d'un même principe. La monade contient le
germe de la philosophie de la nature.

La monade douée de perceptions plus concentrées,
plus saillantes, et qui par là s'élève jusqu'à un certain
degré de conscience et de mémoire, reçoit donc le nom
d'âme, et forme, avec le système des monades qui lui
tiennent de près, ce que nous appelons un animal. L'âme
qui s'élève jusqu'à la Raison, est *un esprit*. La perception simple, la sensation, la raison, établissent entre les
monades des différences essentielles. Il n'y a là pourtant,
comme on voit, que les développemens d'une force iden-
tique. L'âme sensible, l'esprit lui-même retombent souvent dans cet état de perception diffuse qui est celui des
simples monades. Ainsi dans le sommeil, dans l'évanouissement. La mort ne saurait être autre chose. Dans
cet état, toute perception n'est pas interrompue : l'idée
même de substance nous le prouve; l'expérience le dé-
montre également, car si la conscience revient au réveil
avec des perceptions distinctes, il faut bien que d'autres
perceptions les aient précédées. Une perception ne pro-

vient naturellement que d'une perception, comme le mouvement engendre seul le mouvement. Mais dans la multitude de ces perceptions diffuses, rien ne fixait l'attention de l'âme, aussi n'en conserve-t-elle aucun souvenir.

L'animal ne raisonne pas. Ce qui chez lui remplace la raison, c'est la mémoire. La vue du bâton levé rappelle au chien la douleur que ce bâton lui a causée naguère, et il s'enfuit. Les animaux tirent des conséquences empiriques, comme font les hommes dans la vie ordinaire; il n'est pas besoin de raison pour cela. Le destin commun des empiriques et des brutes est d'être souvent trompés, car la succession régulière de nombreux événemens ne nous prouve pas qu'ils se suivront toujours de même, jusqu'à ce que nous ayons trouvé des raisons nécessaires d'où il résulte qu'il ne peut pas en être autrement.

La *raison,* caractère des *esprits,* consiste dans la connaissance des vérités nécessaires et dans la faculté d'en tirer des conséquences.

C'est ici le lieu de jeter un coup-d'œil sur la Théorie de l'Entendement et sur la Psychologie de Leibnitz. La Psychologie, dont Leibnitz n'a dessiné que les premiers traits, se développe *a priori,* en partant de l'idée de substance. Toute substance réelle est âme. Ainsi les principes généraux, du moins, doivent s'appliquer à toutes les substances. Ici encore nous devons nous attendre à voir l'idée de la monade se déterminer sous des aspects nouveaux.

Les substances réelles sont, avons-nous vu, conti-

» dehors. Et qu'ainsi nos sentimens intérieurs, c'est-à-
» dire qui sont dans l'âme même et non dans le cerveau
» ni dans les parties subtiles du corps, n'étant que des
» phénomènes suivis sur les êtres externes, ou bien des
» apparences véritables et comme des songes bien ré-
» glés, il faut que les perceptions internes dans l'âme
» même lui arrivent par sa propre constitution originale
» qui lui a été donnée dès sa création et qui fait son ca-
» ractère individuel [1].

» Les perceptions ou expressions des choses externes
» se produisant ainsi dans l'âme à point nommé, en vertu
» de ses propres lois, comme dans un monde à part, et
» *comme s'il n'existait rien que Dieu et elle* [2], il y aura
» un parfait accord entre ces substances, tout comme
» s'il y avait une influence naturelle, ou comme si Dieu
» y mettait constamment la main. »

Leibnitz donne le nom d'harmonie préétablie à cet
accord de toutes les substances qui dépend de leur nature propre, qui produit les phénomènes de leur action
réciproque. Il s'empresse de reconnaître que c'est là une
hypothèse faite exprès pour expliquer les phénomènes et
principalement l'union de l'âme et du corps, c'est-à-dire
l'action volontaire et la connaissance des choses extérieures. L'harmonie préétablie est donc, avant tout,
une théorie psychologique. Elle se lie intimement au
système des monades, et se fonde ainsi sur une base rationnelle, ce qui établit une présomption en sa faveur.
Toutefois, l'harmonie préétablie n'est pas proposée com-

[1] Tome II, p. 54.
[2] Je suis persuadé que Dieu est le seul objet immédiat des âmes puisqu'il n'y
a que lui hors de l'âme qui agisse immédiatement sur l'âme (Tome II, p. 215).

me une conséquence nécessaire de la cause des monades, comme une déduction *a priori* des principes; c'est, je le répète, un essai de rattacher les phénomènes aux principes, une hypothèse *a posteriori.*

Leibnitz n'a point lieu d'en rougir. Toute philosophie prend naissance dans le besoin d'expliquer les choses, de ramener à l'unité que l'esprit réclame la variété des choses. Toute philosophie est une hypothèse. Elle est bonne, Messieurs, aussi longtemps qu'elle explique les faits, tous les faits. Ainsi elle est bonne pour un temps. Un fait nouveau ou négligé réclame explication et renverse l'hypothèse. C'est le progrès. Quant le système établi contient des contradictions intérieures, il se détruit lui-même ou se transforme. C'est aussi un progrès, c'est le progrès *dialectique*. Mais ce progrès n'est que métamorphose, développement, l'esprit reste toujours dans les mêmes données. Les vrais progrès de la philosophie sont les progrès dans les faits.

En appelant le système de l'harmonie préétablie une hypothèse imaginée par Leibnitz pour concilier l'union de l'âme et du corps avec ses idées générales sur la substance, nous n'en rabaissons point la valeur philosophique, et nous le jugeons comme son auteur l'a fait lui-même. A la vérité Leibnitz affirme plusieurs fois qu'il en possède la démonstration, mais nous l'avons cherchée en vain dans ses ouvrages. La seule raison *a priori* qu'il avance consiste à dire que cette harmonie est l'ordre le plus digne de l'intelligence infinie, puisqu'elle établit entre toutes choses des rapports infinis. La réalité de l'Etre souverainement intelligent étant prouvée ailleurs, l'harmonie préétablie en résulterait comme conséquence,

On sent combien il manque ici d'échelons, et combien cette manière de prouver est périlleuse. La marche sévère des déductions paraît donc interrompue, toutes les théories basées sur l'harmonie préétablie n'ont plus qu'une certitude hypothétique, plus ou moins grande selon l'étendue des faits expliqués, mais qui ne saurait devenir absolue. Nous avons perdu, semble-t-il, cette forme rigoureuse que Leibnitz nous annonçait et dont ses principes de méthode lui faisaient une nécessité.

Est-il pourtant bien sûr qu'il en soit ainsi? L'harmonie préétablie est-elle quelque chose d'extérieur, un arrangement ingénieux, dont la découverte ne soit due qu'à l'effort de l'esprit pour résoudre les problèmes de l'expérience immédiate? C'est là, je le répète, la forme sous laquelle elle se produit dans les ouvrages de Leibnitz.

Cependant, Messieurs, Leibnitz pourrait éviter ce reproche; l'hypothèse, s'il y a hypothèse, ne commence pas là. En partant de l'idée des monades, vraies substances, réalité de l'univers, il est facile d'arriver *a priori* à l'harmonie.

Nous n'avons, Messieurs, qu'à laisser marcher le système, l'harmonie se développera toute seule, sans avoir besoin d'être miraculeusement préétablie. Qu'est-ce, en effet, que la monade? C'est une puissance idéale, une force représentative, un miroir vivant où viennent se peindre toutes choses, *une concentration* de l'univers [1].

---

[1] L'argument sur lequel tout repose est celui-ci; les substances simples ne peuvent admettre aucune influence du dehors, parce qu'elles n'ont point de parties. On suppose d'entrée ce qui est naturellement en question, c'est que toute modification reçue du dehors se résume en addition ou soustraction de parties.

« C'est *la nature de la substance créée* de changer
» continuellement, suivant un certain ordre qui la con-
» duit *spontanément* (s'il est permis de se servir de ce
» mot) par tous les états qui lui arriveront, de telle sorte
» que celui qui voit tout, voit dans son état présent
» tous ses états passés et à venir. Et cette loi de l'ordre
» qui fait l'individualité de chaque substance particu-
» lière, a un rapport exact et qui arrive dans toute au-
» tre substance et dans l'univers entier. » Cette idée
seule peut faire comprendre pourquoi l'activité intérieure
de la monade a reçu le nom de perception, et pourquoi
Leibnitz dit qu'elle représente l'univers. La monade représente en effet l'univers entier dans tous les instans de
la durée, parce qu'elle se modifie sans cesse elle-même,
et que cette évolution interne est dans un rapport cons-
tant avec l'état de l'univers. Toute espèce de connaissance des sens et de la raison n'est, pourrait-on dire,
qu'un degré dans l'intelligence de ce rapport. On objectera que si Leibnitz dit que la monade est une *concentration de l'univers*, c'est en vertu de l'harmonie préétablie elle-même. Mais en appelant la monade force représentative, on a tout dit, car il faut qu'elle représente
quelque chose. En un mot, sans l'idée de force représentative il n'y a point de monade, et sans harmonie
point de représentation. Ainsi la *perception*, élément
essentiel de la monade, implique l'harmonie universelle.

Chaque monade est parfaitement distincte de toute
autre, distincte, Messieurs, par sa propre activité ; elle
représente l'univers à sa façon. C'est-à-dire que toutes les
modifications de la monade A représentent des rapports

universels, ou les modifications dé toutes les autres monades, dans telle ou telle forme déterminée par la nature
de A; tandis que les modifications de B représentent
les mêmes rapports universels à la manière de B. A chacun des états par lesquels passe A dans le rhythme de sa
vie, répond une modification de B dans le style de B.
Qu'est-ce autre chose sinon l'harmonie de Leibnitz?
Vous le voyez, il n'est besoin de personne pour l'établir;
elle ressort nécessairement de la définition de la monade.
Toutes les suppositions du système sont comprises en
une seule, les monades. Leibnitz a-t-il reculé devant cet
excès de simplicité? La crainte d'être accusé d'irréligion
a-t-elle influé sur l'expression de sa pensée? On l'a dit
quelquefois. Mais Leibnitz revient trop souvent, dans la
même forme, sur cette harmonie préétablie, il montre
pour cette idée une trop grande prédilection pour qu'il
soit permis d'y voir un masque. Il faut croire qu'il a dit
les choses comme il les voyait. Peut-être ne possédait-il
pas encore avec une claire conscience toutes les articu-
lations de son système et n'en dominait-il pas toutes les
conséquences.

Les idées naissaient isolées dans ce cerveau fécond et
se cherchaient pour s'unir. Quand Leibnitz voulut conclure, il ne se saisit jamais tout entier. Il y avait en lui
le germe de plus d'un système. On trouve sur les hau-
teurs de Leibnitz des points de partage d'où la pensée
redescend vers des climats différens. La conséquence
logique des prémisses, c'est l'idéalisme et la nécessité,
la pensée se pensant elle-même, la transparence vide de
la moderne école spéculative. La voix du cœur et l'instinct du génie poussaient au réalisme et à la liberté.

Nous avons exposé l'harmonie préétablie avec les paroles de Leibnitz lui-même, paroles belles, candides et
qu'il n'a jamais corrigées. Nous y voyons le récit fidèle
de la manière dont cette idée s'est produite historique-
ment, sinon l'expression de sa valeur philosophique
dans un système complet, mais qui ne serait plus Leibnitz et qu'on pourrait, je le répète, déterminer dans des
sens fort divergens.

Quoi qu'il en soit, Messieurs, cette hypothèse, imaginée d'abord dans un intérêt psychologique, ne peut
être conçue que comme un principe universel.

Quatrième Leçon.

Sommaire. Développement de l'harmonie préétablie. Explication de l'action et de la souffrance, de la causalité, de la connaissance par le moyen des sens et de l'action volontaire. Les phénomènes du monde physique se rapportent à des réalités spirituelles. De l'espace et du temps. Rapport de chaque modification particulière à l'univers. La perception est infinie dans son objet, limitée par sa nature. La sensation se résout en perceptions obscures. Vérités générales innées en nous comme virtualités. Identité foncière de la connaissance sensible et de la connaissance rationnelle. Principes de contradiction et de la raison suffisante. Preuves de l'existence de Dieu. Argument cosmologique ; critique de cet argument. Preuve ontologique.

Chaque monade est un miroir du monde; ce qu'elle éprouve tient à tout et pourrait tout révéler. L'expression de concentration de l'univers dont nous nous sommes servis n'a pas moins de justesse, car la monade est un être à part; ce qui se passe en elle est produit par une force interne; d'ailleurs toute réalité n'est hors de la monade que ce qu'elle est en elle, développement spirituel.

Du reste, Messieurs, la spontanéité inhérente à chaque être ne nous empêchera point de dire qu'il agit et qu'il souffre, et d'expliquer parfaitement ces phénomènes. Il agit là où il est parfait, il souffre là où il est imparfait. La nature de son activité nous fait comprendre ce qu'on peut appeler en lui perfection; il est parfait quand il a des perceptions distinctes, imparfait dans les

perceptions confuses. « Or, toutes choses étant ordon-
» nées d'avance, selon la perfection relative de chaque
» élément du grand tout, la perception ou l'action de
» l'une répond constamment à l'imperfection ou à la pas-
» sion de l'autre, et l'on peut dire avec vérité que les
» monades influent les unes sur les autres, que l'une est
» cause et l'autre effet. Cette influence n'est à la vérité
» qu'*idéale*. Un être est cause d'un changement dans un
» autre, parce que la nécessité de ce changement spon-
» tané dans le second a été mise en lui dès l'origine des
» choses en considération du premier. » Et cela suffit,
il le semblerait du moins, pour expliquer le phénomène.
Je me sens cause, pourrait-on dire, le *comment* je l'i-
gnore; si vous le saviez, vous verriez qu'il faut, pour le
comprendre, remonter jusqu'à Dieu, et jusqu'au premier
établissement de l'univers.

Cette explication du rapport de cause à effet en général jette une lumière nouvelle sur la nature de notre corps
et sur son commerce avec l'âme.

Divisé et organisé en lui-même à l'infini, car dans
chaque parcelle se déploie un nouvel organisme, auquel
préside une entéléchie, le corps est l'assemblage des
monades vis-à-vis desquelles l'âme est active, ou, ce qui
est la même chose, qu'elle connaît distinctement; donc
les modifications confuses répondent en elle à des modifications distinctes. Or ces modifications confuses des
monades du corps peignent l'univers, car elles répondent aux changemens des monades environnantes, elles-
mêmes en harmonie avec leurs voisines; et ainsi à l'infini. L'âme, reflétant avec plus de puissance ces modifications confuses qui sont la vie corporelle, arrive donc

véritablement à la connaissance extérieure par l'intermédiaire de son corps, ce qui est l'opinion généralement
admise, et donnée, semble-t-il, par les apparences. (On
voit le grand rôle des perceptions insensibles ou confuses
dans ce système; c'est le lien de toutes choses, le milieu
des âmes, la matière). On doit admettre avec tout le
monde que l'âme *agit* sur le corps et qu'elle *remue* le
corps, car le mouvement extérieur du corps est le résultat de perceptions confuses répondant au vouloir distinct de l'âme[1]. « Nous ne nous ferons pas plus de difficulté de dire que l'âme remue le corps, qu'un astro-
nome n'en fait pour dire que le soleil se lève, et un
platonicien pour parler de la réalité de la matière. Il ne
s'agit que d'entendre la chose sainement. » Notre théorie
ne contredit pas le sens commun, elle l'explique, et
c'est là en effet tout ce que celui-ci peut exiger. Le sens
commun ne contient que le problème; ainsi nulle explication ne saurait être admise si elle faisait violence au
sens commun, mais une explication qui n'irait pas au-
delà, n'en serait pas une. « Quand nous disons que l'âme
remue le corps, il faut entendre que l'un est cause des
changemens de l'autre selon les lois de l'harmonie préétablie. » Nous conservons de même tous les phénomènes
corporels. Tous les phénomènes naturels des corps peuvent s'expliquer par la grandeur, la figure et le mouvement, mais les mouvemens, qui sont la cause des
figures, ne peuvent être expliqués par les entéléchies. Le
mécanisme lui-même repose sur des principes idéaux[2].

---

[1] Voyez tome II, p. 54-56.

[2] Cum corpus incurrit in aliud, impellit ipsum determinando vim elasticam
inexistentem, a motu intestino ortam (II, p. 514).

La grandeur suppose l'étendue, et l'étendue n'est autre chose que l'ordre dans lequel se trouvent les substances. L'espace pur est une simple conception intellectuelle; c'est l'idée d'un ordre entre les substances conçu comme possible; c'est la possibilité abstraite d'un ordre des réalités, l'ordre des coexistans possibles, comme le temps est l'ordre des possibilités successives. — Les phénomènes du monde physique sont donc véritables, et cependant tout est spirituel.

Chaque monade renferme l'univers dans la totalité de son existence individuelle; mais il faut aller plus loin, et affirmer la même chose de chacun des états par lesquels elle passe. « Le présent est gros de l'avenir, le futur se » pourrait lire dans le passé, l'éloigné est exprimé dans » le prochain. Nos perceptions confuses sont le résultat » des impressions que tout l'univers fait sur nous; cha- » que perception distincte de l'âme comprend une infi- » nité de perceptions confuses qui enveloppent tout l'u- » nivers. » Ainsi, grâce à cet ordre précis qui a déter- miné toutes choses les unes au regard des autres, une intelligence plus haute verrait l'infinité des êtres con- temporains et le passé tout entier dans chacun de ses mouvemens, puis, le rattachant à son but immédiat, elle remonterait les anneaux de la chaîne divine des causes finales qui embrasse tout l'avenir[1].

Chaque monade voit donc le monde entier, et cha- cun, selon son individualité, voit un monde différent, comme une ville paraît autre, saisie sous divers aspects. Mais si l'horizon est sans limites, le regard lui-même est

---

[1] Tome II, p. 37.

borné. Une faible partie seulement de ce vaste ensemble
de perceptions se détermine avec assez de netteté pour
être comprise. La perception est l'activité, l'effort propre de l'être ; on peut donc dire que toutes les monades
tendent confusémeut à l'infini ; mais elles sont limitées
par l'obscurité de leur connaissance, et distinguées les
unes des autres selon le degré de leurs perceptions distinctes. Si la connaissance de la monade était complète
quant à sa nature, comme elle l'est quant à son objet,
chaque monade serait un Dieu. Cet argument, que nous
avons déjà rencontré, n'a de populaire que la forme.
En le développant, vous en saisirez la parfaite conséquence. L'idée d'un être dont toutes les perceptions
seraient distinctes serait celle d'une activité absolue,
d'un esprit infini. Or il est impossible qu'il y ait plusieurs êtres pareils. En méconnaissant cette limite intérieure des monades, nous perdrions donc la pluralité
des substances nécessaire à l'explication des phénomènes.

Les perceptions distinctes dont l'âme acquiert conscience ne sont donc pas d'une autre espèce que cette
perception obscure qui est la vie universelle. Les premières, les *aperceptions*, pour employer l'expression
technique du système, sont le fruit d'un concours,
d'une concentration momentanée des perceptions confuses. Où est le commencement, où est la fin d'une idée
distincte? L'image flotte insaisissable, elle s'élève ina-
perçue, elle grandit, elle s'empare de l'âme tout entière, elle se transforme à l'instant où nous voulons la
saisir; l'attention n'exerce sur elle qu'une autorité pas-
sagère; elle monte et s'abaisse, et s'éteint dans le fond

obscur de notre âme. Comme le rayon du soleil, le regard de la conscience éclaire la surface d'une mer aux reflets changeans, mais il expire sans en avoir atteint les profondeurs. Qui pourrait dire tout ce qu'il est, tout ce qu'il pense? Qui pourrait étaler à ses propres yeux la richesse intérieure de son être? Mille efforts secrets, mille sensations inaperçues se réunissent pour enfanter un désir, une pensée, qui se replonge bientôt dans le douteux crépuscule dont elle sort. Cet océan de perceptions confuses est en rapport avec les dehors et les exprime, c'est l'image de la vie répandue dans les choses. Mais l'âme ne peut lire en elle-même que ce qui s'y peint distinctement; développer à la fois toutes ses perceptions serait impossible, *quoniam ad infinitum tendunt.*

La sensation est la forme inférieure de cette connaissance plus ou moins parfaite, mais toujours vraie et toujours réelle; puisque c'est le développement propre de l'âme, dont chaque mouvement répond à ceux de tous les autres êtres. Les notions sensibles sont *claires,* en ce sens du moins que nous les discernons et que nous pouvons nous en servir, mais elles ne sont pas *distinctes.* Nous savons qu'elles sont composées sans pouvoir en analyser les élémens. Ainsi nous ne distinguons pas le bleu et le jaune dans la sensation qui produit la couleur verte, quoique ce bleu et ce jaune soient nécessairement perçus. Ici la science expérimentale pousse l'analyse un peu plus loin que la sensation immédiate, mais elle est loin de l'épuiser. Toutes les sensations qui nous paraissent simples se décomposeraient de même. La sensation n'est jamais simple, c'est un mélange obscur d'élémens intellectuels.

Une idée n'est distincte que lorsque nous pouvons en connaître les élémens ; en d'autres termes, lorsque nous pouvons en présenter une définition nominale. Mais cette définition ne nous apprend pas encore si cette idée est vraie, c'est-à-dire si elle est possible. L'expérience nous atteste la possibilité des choses dont nous avons l'idée, en nous les montrant réalisées [1]. Les sens ne nous donnent jamais que des exemples, c'est-à-dire, des vérités particulières ou individuelles. Or, quel que soit le nombre des exemples qui confirment une proposition générale, ils ne suffisent pas pour établir la généralité. D'où il paraît que les vérités nécessaires, telles qu'on les trouve dans les mathématiques, par exemple, doivent avoir des principes dont la preuve ne dépend point des exemples, quoique sans les sens on ne se fût jamais imaginé d'y penser. Où trouverons-nous ces principes nécessaires, sinon dans l'entendement humain ? Ces principes sont les vérités innées, et l'on peut donner le même nom à toutes les connaissances qui s'en déduisent et que l'esprit peut ainsi tirer de son propre fonds. Souvent la chose n'est point aisée, mais peu importe. « Il ne faut » point s'imaginer que l'on puisse lire dans l'âme ces » éternelles lois de la raison à livre ouvert, comme » l'Edit du Préteur se lit sur son Album sans peine et » sans recherche. Les idées et les vérités nous sont in- » nées comme des inclinations, des dispositions ou des » virtualités naturelles, et non pas comme des *actions,* » quoique ces virtualités soient toujours accompagnées » de quelques actions souvent insensibles qui y répon-

[1] Nouveaux Essais, avant-propos, N° 4.

» dent. » Ce sont des veines cachées dans le marbre et qui dessinent d'avance les contours de la statue ; le ciseau les découvrira. — Ainsi l'expérience des sens est nécessaire pour que l'esprit se rende compte des vérités qui sont en lui, mais ces vérités sont, par leur nature intime, au-dessus de l'expérience, antérieures par conséquent à l'expérience (on pourrait ajouter, condition de l'expérience).

Cette théorie vous est déjà familière, Messieurs. Leibnitz la présente dans les Nouveaux Essais comme le résultat de l'observation : nous en savons assez de son système pour la déduire de ses principes métaphysiques.

La sensation, comme la pensée, comme tout ce qui qui est en l'homme, est développement spontané : « il y a spontanéité dans le confus comme dans le distinct. » L'apparente passivité de la sensation n'est qu'un moindre degré d'énergie. La sensation et la pensée nous font donc connaître la même vérité. La différence entre la raison et les sens, entre l'*a priori* et l'*a posteriori*, n'est pas dans le fond, mais dans la forme. Ce que la pensée nous enseigne comme un et universel, les sens nous le présentent dans l'infinie variété des formes particulières. Mais partout, toujours, la vérité est universelle. La sensation momentanée exprime une modification commune à l'infinité des substances et déterminée dans leur essence éternelle. La connaissance qu'elle donne est donc universelle, quoique exprimée d'une manière insuffisante, inadéquate. Cela ressort de l'harmonie préétablie.

C'est donc un plus haut degré de vie et d'activité qui nous fait reconnaître au fond des phénomènes passagers le permanent et le nécessaire qui s'y trouvent toujours impliqués, et nous conduit aux vérités éternelles. La connaissance des vérités nécessaires nous élève à cette activité réfléchie par laquelle nous pensons ce qui s'appelle *le moi* et nous lui rapportons ce qui se passe en nous-mêmes. C'est par là que nous arrivons à comprendre l'être, la substance simple et composée, l'immatériel et Dieu lui-même, dont nous formons la notion en concevant que ce qui est limité en nous doit exister en lui sans limites.

Nos raisonnemens reposent sur deux grands principes, source de toute vérité rationnelle, innés à l'esprit, comme l'esprit est inné à lui-même [1].

L'un est le principe de *contradiction*, d'après lequel nous jugeons faux ce qui implique contradiction, et vrai ce qui contredit le faux.

L'autre est le principe de la *raison suffisante,* en vertu duquel nous jugeons que nul fait ou nulle proposition ne peut être trouvée vraie sans une raison suffisante pour déterminer pourquoi il en est ainsi et non pas autrement, bien que, le plus souvent, ces raisons nous demeurent inconnues.

La raison suffisante des vérités nécessaires se trouve par l'analyse, qui les ramène à des propositions identiques; on les prouve donc en montrant l'impossibilité de les nier, c'est-à-dire par le principe de contradiction.

La raison suffisante des vérités contingentes ou de fait, c'est la série infinie des modifications des choses particulières, série double, des causes efficientes et des

---

[1] Principia Philosophiæ, § 29 et suivans.

causes finales ou des buts particuliers. Ainsi une infinité de faits particuliers concourent à déterminer l'organe qui prononce ces paroles, une infinité d'inclinaisons et de dispositions me poussent à penser les idées qu'elles renferment et à les exprimer aujourd'hui.

Ce progrès à l'infini est un fait, mais il n'explique rien ; il faut, hors de la série des raisons contingentes, trouver une raison dernière, nécessaire, infinie. La série des raisons contingentes embrasse tous les êtres particuliers. Cet ensemble des êtres particuliers c'est l'univers, qui a besoin d'une raison suffisante, et cette raison dernière, qui expliquera pourquoi le monde existe et comment il est possible, nous ne pouvons la trouver que dans une substance qui ait sa raison d'exister en elle-même et qui soit par conséquent nécessaire et éternelle. Cette dernière raison des choses est appelée Dieu. « Source des modifications de tous les êtres, il doit les » contenir *éminemment*. Cette substance étant d'ailleurs » la raison suffisante de toute la série des choses, dont » les anneaux sont enchaînés de la matière la plus étroite, » il s'ensuit qu'il ne peut y avoir qu'un seul Dieu et » que ce Dieu suffit pour tout expliquer [1]. »

Wolf a développé longuement dans la suite cette preuve de l'existence de Dieu, tirée de la contingence des choses finies, dont Leibnitz était loin d'être l'inventeur. Elle est connue sous le nom d'argument cosmologique. C'est un argument très-populaire, au fond duquel il y a certainement quelque chose de juste. On ne peut pas dire qu'il se lie d'une manière bien rigoureuse aux

[1] Principia Philosophiæ, § 40 etc.

principes psychologiques de Leibnitz. En effet il repose
tout entier sur la croyance à la réalité d'un monde extérieur. Or cette réalité n'est point constatée puisque
l'âme ne reçoit rien du dehors. Dans ce système la réalité du monde extérieur repose sur l'harmonie préétablie,
mais l'harmonie préétablie elle-même, bien que comprise
dans l'idée de monade, n'est pourtant qu'une hypothèse
arbitraire aussi longtemps qu'on ne la rapporte pas à sa
raison suffisante qui est Dieu. L'argument cosmologique
suppose donc d'avance ce qu'il devrait établir. Si nous
ne connaissons que nous-mêmes et que nos modifications
intérieures, comment nous assurer que nous ne sommes
pas la substance et la cause première de ces modifications ? Nous avons vu que notre passivité apparente dans
certains momens ne peut rien prouver puisqu'elle provient des perceptions obscures ou d'une activité moins
intense. En réduisant la substance à une activité immanente, Leibnitz a réellement posé le principe d'un
idéalisme subjectif, dont il ne peut éviter l'entraînement
que par des tours de force. Un argument métaphysique
appuyé sur la réalité du monde extérieur ne devait pas
avoir plus de valeur pour lui que pour Kant ou pour
Fichte. Les monades, en effet, comme on l'a dit fort
spirituellement ici, sont autant de petits Kantiens, chez
lesquels tout se produit par une force intérieure ; les
dehors qu'ils représentent ne sont au fond que le dedans.
La conséquence directe de la monadologie prise de ce
côté, c'est Fichte. Dans Leibnitz se trouvent, comme
tous les fruits du passé, tous les germes de l'avenir,
germes de luttes et d'un orageux développement. Cette
remarque, sur laquelle nous sommes obligés d'insister,

fait comprendre pourquoi Leibnitz n'a pas concentré sa philosophie dans un traité systématique.

Reprenons, Messieurs, l'exposition de cette théologie métaphysique en suivant le fil tracé dans les *Principia Philosophiæ*.

L'argument cosmologique nous a conduits à une substance qui a sa raison d'exister en elle-même. « Cette » substance suprême, unique et nécessaire, n'ayant rien » hors d'elle qui n'en dépende, étant la série des choses » possibles, ne saurait avoir de limites et contient toute » réalité. Il en résulte que Dieu est absolument parfait, » puisque la perfection n'est que la grandeur de la réa- » lité positive, au sens précis de ce mot, sans les limites » des choses particulières. Dieu n'est pas seulement la » source des existences, mais des essences ou de toute » possibilité réelle. L'esprit de Dieu est la région des » vérités éternelles ou des idées, sans lequel non-seule- » ment rien ne serait, mais sans lequel il n'y aurait rien » de possible. En effet la réalité des essences ou des pos- » sibilités, ou mieux des vérités éternelles, doit être fon- » dée dans un être existant et actuel, par conséquent » dans l'existence d'un être nécessaire dont l'essence » renferme l'existence actuelle, ou en d'autres termes » dont la possibilité seule suffit à fonder son existence. » Dieu seul (ou l'être nécessaire) a le privilége d'exister » nécessairement, pourvu qu'il soit *possible*. Or comme » rien n'empêche qu'il ne soit possible, puisqu'il est » sans limite, et qu'il ne se peut, par conséquent, trou- » ver en lui ni négation, ni contradiction. Cela suffit » pour reconnaître l'existence de Dieu a priori. » Telle est la forme donnée par Leibnitz au grand argument métaphysique emprunté par Descartes à saint Thomas d'Aquin.

Descartes disait en somme : J'ai l'idée d'un être absolument parfait ; or l'idée d'un être absolument parfait implique l'existence de cet être, car l'existence est une perfection de plus dans l'idée. L'idée d'un être parfait *existant* est plus parfaite que celle du même être, abstraction faite de son existence réelle. Leibnitz ajoute : il existe *s'il est possible,* car l'existence réelle d'un être ne peut résulter de ce que l'existence est comprise dans son idée qu'à condition que cette idée soit une idée *vraie,* c'est-à-dire la conception d'un être possible. Mais l'être absolu est possible puisqu'il ne renferme aucune contradiction [1]. Le perfectionnement apporté par Leibnitz à l'argument ontologique n'a pas toute l'importance qu'il semble lui donner.

[1] Le principe de contradiction est le seul applicable pour juger de sa possibilité. On ne saurait soumettre à celui de la raison suffisante l'être premier et nécessaire qui est lui-même la raison de tout. Ainsi l'idée que nous avons de Dieu comme d'un être absolu est une démonstration de son existence. Ces preuves appartiennent à la philosophie scholastique dans laquelle il ne s'agissait que de plaider pour ou contre certaines idées, mais où l'on ne songeait pas à créer les idées elles-mêmes. Abstraction faite de la religion positive, la preuve ontologique ne conduit qu'à ceci : Un être absolu existe. Mais avec cet être absolu on n'est pas encore fort avancé. Depuis l'émancipation de la philosophie, les preuves proprement dites, de l'existence de Dieu n'ont plus d'intérêt, chacun donnant à ce mot Dieu la signification qu'il lui plaît. La véritable question est de savoir ce qu'il est et comment il est. Montrer que cet être absolu dont personne ne songera à contester l'existence, est esprit libre et personnel, voilà le problème qui a pris dans l'enseignement philosophique la place occupée autrefois par les preuves de l'existence de Dieu.

Cinquième Leçon.

Sommaire. La création est un acte immanent et nécessaire de Dieu. Elle résulte de sa nature et par conséquent elle est éternelle d'après le système des monades. C'est un système d'émanation. La Théodicée aboutit au même résultat. Occasion et but de la Théodicée. Le principe de nécessité morale comparé à celui de nécessité logique. Le mal n'est que privation. Il est permis comme condition du plus grand bien. Optimisme. La volonté de l'homme est spontanée, mais déterminée. Harmonie de la nature et de la grâce. Cité de Dieu. Critique du raisonnement de la Théodicée. La perfection du monde n'est pas prouvée directement ; elle est supposée comme conséquence de l'idée de Dieu qui aurait besoin elle-même d'une démonstration. Idées particulières de la Théodicée. Introduction à l'esquisse d'une Théodicée fondée sur le principe de l'absolue liberté de Dieu, qui fait l'objet principal des deux dernières leçons.

« Dieu raison suffisante de tout ce qui existe est seul l'unité primitive, la substance simple originaire dont toutes les autres monades *créées* ou *dérivées* sont des productions. Elles naissent, pour m'exprimer ainsi, par des fulgurations continuelles de la Divinité, limitées par la réceptivité de la créature; *cui essentiale est esse limitatam* [1]. »

C'est en ces termes que Leibnitz se prononce sur le rapport des êtres particuliers et de leur principe, ou, si vous voulez, sur la création. Cette question est le nœud de toute la métaphysique. Là sont concentrés les problèmes de Dieu, du monde, de la liberté, de la religion. Examinons donc avec attention, Messieurs, les ouver-

[1] Principia Philosophiæ, § 48.

tures que Leibnitz nous fait sur ce sujet, et cherchons à nous assurer de leur véritable portée.

On se trouve d'abord arrêté dans la phrase que nous venons de lire par une expression singulière sur laquelle il faut nous expliquer. La création, est-il dit, est une fulguration limitée par la réceptivité de la créature. On ne comprend pas, au premier coup-d'œil, comment la réceptivité de la créature peut limiter quelque chose avant que la créature soit. Le sens ne saurait être que que celui-ci : La production réelle est limitée par la réceptivité de la créature possible, en d'autre termes, la possibilité de la production est limitée en elle-même. Il est impossible que toute création ne soit pas limitée par le principe de contradiction, puisqu'en la supposant infinie on arriverait à plusieurs êtres infinis. La limitation essentielle de toute chose créée s'explique donc, malgré cette inconséquence de langage. Mais cette création elle-même en quoi consiste-t-elle? — Nous venons de lire que les substances particulières procèdent de Dieu par création ou dérivation. Leibnitz considère ces deux expressions comme synonymes, cela est essentiel. Puis, ce Dieu, quel est-il? C'est la *monade centrale*. Les qualités que nous trouverons en lui sans restriction sont les mêmes que les monades dérivées contiennent aussi dans leurs limites. Or la monade est absolument renfermée en elle-même; impénétrable à toute substance étrangère, elle ne peut pas davantage poser quelque chose au dehors. Tout en elle se termine à un développement interne et nécessaire. Elle est l'unité de perceptions infinies, tout en elle est perceptivité. Son être est une activité intérieure, idéale, nécessaire. L'activité de la monade centrale sera donc également intérieure, idéale, nécessaire. Les substances particulières seront l'intime variété de cette unité suprême, les perceptions, les pensées de Dieu. Et comme l'action est l'essence de la substance, comme Dieu ne peut pas s'empêcher de percevoir, il ne peut pas s'abstenir de créer. La création n'est pas le produit d'un vouloir positif, mais elle résulte de la nature même de Dieu ; c'est une véritable émanation, et les images physiques dont Leibnitz revêt sa pensée, *emanatio, fulguratio continua,* la dessinent parfaitement.

Tel est, Messieurs, le résultat de la Monadologie. La monade centrale pose incessamment, *idealiter,* les choses particulières, qui sont ses perceptions, ses pensées, et qui n'ont par conséquent pas d'existence propre, quand même nous avons commencé par les appeler des monades et par leur accorder une substantialité. La dialectique détruit le commencement par la fin. Leibnitz voyait dans la réalité permanente qu'il attribue aux substances particulières, le grand progrès de sa philosophie; cette réalité disparaît par le mode de création qu'il enseigne, et ce mode de création ressort directement de son idée de la substance. Ainsi nous sommes arrêtés devant le même abîme que dans le système de Spinosa [1]. Ici encore le lien véritable de l'être primitif et des êtres secondaires nous a échappé. Ou bien les choses particulières n'ont pas de réalité et il n'existe absolument que l'être *un,* ou bien la production des choses suppose une autre activité que l'activité perceptive, et les monades, dont l'être est perception, ne sont pas la véritable subs-

---

[1] Voyez leçon dernière.

tance. Tout au moins faut-il reconnaître qu'on n'a pas déterminé l'idée de Dieu en disant qu'il contient éminemment toutes les perfections des autres êtres, car ces perfections sont loin d'expliquer la création d'une substance indépendante.

La conséquence des principes posés sur la substance en général, de l'idée de Dieu telle qu'elle s'est produite, des argumens employés pour prouver son existence, la conséquence de la Monadologie en un mot, c'est que le monde des êtres particuliers, non les agrégats seulement, mais les monades, n'a qu'une existence idéale. C'est un songe bien réglé que Dieu rêve éternellement. Loin d'être une production libre, la monade n'est pas même une production du tout, c'est une perception, et les êtres des images. On n'échappe à cette conséquence qu'en reconnaissant en Dieu, c'est-à-dire dans la substance simple originaire, une activité plus qu'idéale, et Leibnitz y consentirait, je crois, volontiers, mais alors nous abandonnons les raisonnemens qui devaient prouver l'immanence absolue de la monade, l'harmonie préétablie n'est plus nécessaire. Nous commençons un système nouveau.

Leibnitz est loin d'avouer le panthéisme idéaliste que nous déduisons de ses principes : « Le nombre des possibilités, dit-il, est infini dans les idées de Dieu, mais il ne saurait en être réalisé qu'une seule. Dieu choisit donc parmi ces mondes possibles. La perfection relative de ces possibilités est nécessairement la raison suffisante du choix divin, car chaque possible a droit à l'existence en raison du degré de perfection qu'il contient. Cette perfection est donc la cause de l'existence du meilleur des mondes possibles. Dieu en reconnaît la supériorité par sa sagesse, il le choisit par sa bonté, il le réalise par sa puissance [1]. »

Ces paroles, littéralement traduites des « *Principia Philosophiæ* » contiennent le thême que Leibnitz développe et défend dans la Théodicée. Il faut donc se représenter Dieu comme un esprit existant avant toute création, et qui, se décidant *une fois* à créer, fait un choix dans le nombre des mondes possibles. Leibnitz revient souvent sur l'idée d'un décret de Dieu. « Sane » Deus creandi mundi decretum formans unicè statuit » perfectiones suas, modo quo possit efficacissimo, et » magnitudine, sapientiâ et bonitate suâ dignissimo, » manifestare et communicare. »

Cette dernière opinion était-elle réellement celle de Leibnitz? Je le crois. Le regard de son génie penétrait au-delà des formes dans lesquelles il avait essayé d'abord d'exprimer l'infinie réalité qu'il sentait partout vivante. La Monadologie ne lui suffisait pas. Mais l'opinion de Leibnitz n'est pas ce dont il s'agit ici; l'opinion de Leibnitz, Messieurs, n'est pas sa philosophie. La conséquence de ses principes, voilà ce qui est d'un intérêt universel, voilà ce qui peut devenir le point de départ d'une philosophie subséquente, voilà ce qui forme un anneau dans la chaîne des pensées de l'humanité. Or la conséquence des principes, nous l'avons vue. Le monde dérive de Dieu, il résulte de la nature de Dieu, sans acte : c'est un système d'émanation. Peu importe après cela que Leibnitz ait déguisé ou non son vrai sentiment dans la Théodicée. On l'en a souvent accusé. Mais la

[1] Principia Philosophiæ, § 55 etc.

Théodicée renferme-t-elle les bases d'un système nouveau ? Cette question mérite d'être examinée.

Leibnitz écrivit cet ouvrage pour satisfaire au désir de la princesse électorale de Brandebourg, Sophie Charlotte, bientôt après reine de Prusse. Ce nom rappelle une autre princesse, une autre Allemande, cette Elisabeth, fille du malheureux comte palatin Henri V, illustre écolière de Descartes, qui lui dédia ses méditations. Il vaut la peine de remarquer ces noms de femmes associés aux premiers grands travaux philosophiques des temps modernes. La princesse électorale, frappée des argumens de Bayle contre le système chrétien, avait désiré les voir réfutés par Leibnitz. Celui-ci répondit par la Théodicée. Le but des raisonnemens de Bayle est d'établir l'incompatibilité de la foi chrétienne et de la raison. Leibnitz combat cette incompatibilité. Il s'efforce en particulier de concilier la présence du mal dans l'univers avec les perfections du Dieu que le Christianisme proclame.

Leibnitz se place donc, pour ainsi dire, entre la théologie et la philosophie. Il reçoit l'idée de Dieu de la théologie. Il reconnaît l'existence d'un mal positif. La manière dont la question était posée devait nécessairement donner à tout le travail un caractère bien différent de celui de la Monadologie. Un mal positif une fois admis, on ne pouvait plus considérer le monde comme procédant de Dieu par une nécessité logique. Le problème lui-même implique une création détachée de Dieu, produit d'un acte volontaire. Il suppose que Dieu peut exister sans créer. Mais ce changement n'a pas toutes les conséquences auxquelles on aurait droit de s'attendre. La tâche de la Théodicée semblait être de

prouver que le monde est une œuvre sage, ce qui suppose qu'il est une œuvre libre ; le but véritablement
poursuivi est de prouver que le monde est nécessaire.
Entre ces deux questions, justifier la présence du mal
dans le monde et montrer la nécessité du monde et du
mal, Leibnitz ne pouvait point trouver de différence.
Cela tient à l'universalité d'application qu'il donne au
principe abstrait de la raison suffisante. Nous ne connaissons rien philosophiquement selon lui, sans en connaître la raison, parce que rien n'existe sans raison, et
sans une raison telle, remarquez-le bien, qu'elle per-
mette de déterminer l'objet ou l'événement a priori [1].
Ainsi pour nous, sans doute, la raison suffisante de l'u-
nivers c'est la libre volonté de Dieu ; mais relativement
à Dieu lui-même la création doit avoir sa raison suffisante. « Nous ne devons pas nous imaginer que les idées
» nécessaires qui dépendent de Dieu soient arbitraires
» et dépendent de sa volonté, cela n'est vrai que des
» vérités contingentes, les vérités nécessaires en revan-
» che dépendent de son intelligence et sont son objet
» intérieur [1]. » On distingue donc, relativement à Dieu,
entre les vérités contingentes, résultat de sa volonté,
qui ont trait à l'existence réelle des choses, et les vérités
nécessaires, objets de son intelligence, savoir les rapports de convenance et de disconvenance entre les possibles. Mais il est aisé de voir que cette distinction vul-
gaire n'est pas solide, et qu'en établissant ainsi la liberté
divine, on l'anéantit. En effet si le principe de la raison
suffisante, qui est la vérité logique et nécessaire par excellence, ne dépend point du vouloir de Dieu, il vaut

---

[1] Principia Philosophiæ, § 47.

relativement à Dieu. Or la création a sa raison suffisante,
savoir le rapport nécessaire, éternel entre les perfections
divines (pour parler le langage théologique de la Théodicée) et la possibilité de cet univers. La création ayant une
raison suffisante, il est évident que Dieu ne peut pas *ne
pas créer*. Mais puisqu'il ne peut pas ne pas créer, il
n'a jamais existé sans créer; la création est donc éternelle comme lui, et le décret dont nous parlions d'abord
n'est qu'une illusion. Il importe peu désormais que l'on
appelle la création un acte, car cet acte est nécessaire,
cet acte c'est la forme même de l'existence divine. Si
Dieu ne créait pas, Dieu ne serait pas. La création résulte donc logiquement de sa nature. Encore ici la création n'est qu'une émanation.

Le monde est le produit d'un acte nécessaire, la
Théodicée elle-même a pour but de le démontrer; mais
la nécessité de la création, c'est la nécessité, l'absolue
nécessité dans toute la marche du monde, nécessité
clairement professée dans l'harmonie préétablie, mais
qui, sans celle-ci, ressortirait également des prémisses
Il n'y a pas de départ à faire entre la liberté et la nécessité. La conciliation prétendue est une chimère! La nécessité posée au point de départ emporte inévitablement
tout le reste.

Ainsi Leibnitz n'a pas deux systèmes, quoique son système se présente avec deux couleurs. La théorie métaphysique à laquelle conduit la monade se retrouve dans
la Théodicée indépendamment des monades, par la seule
force du principe de la raison suffisante appliqué d'une
manière absolue.

Maintenant, Messieurs, que nous sommes au clair sur

le fond et que nous ne risquons pas de nous laisser
prendre aux apparences, examinons les idées de la
Théodicée avec un peu plus de détail.

Leibnitz se proposait de réfuter les objections présen-
tées par Bayle, dans son dictionnaire historique et dans
d'autres écrits, contre le système chrétien. Bayle prétend que les dogmes chrétiens ne sont pas conciliables
avec la raison, et ne peuvent être admis que par le
triomphe de la foi sur la raison. Leibnitz établit en revanche que le plan du monde, tel qu'il est conçu par les
chrétiens orthodoxes, est parfaitement raisonnable, car
il est parfaitement en harmonie avec la sagesse suprême.
A ses yeux, ce monde, malgré le mal partiel dont il est
entaché, est le meilleur des mondes possibles, le seul
par conséquent dont la souveraine sagesse pût réaliser
l'existence en se conformant à cette loi du meilleur qui
est la suprême loi et la sagesse elle-même.

Pour expliquer la présence du mal dans cette création
d'un auteur parfait, Leibnitz emploie des raisonnemens
qui s'appuient tous sur le principe de la raison suffisante. Le mal lui-même a sa raison suffisante, comme
condition d'un plus grand bien. Tout est bien, car tout
est nécessaire, telle est la conclusion inévitable. Leibnitz s'efforce toutefois d'atténuer la rigueur de cette
conséquence. Selon lui l'on ne peut pas appeler le monde
nécessaire, parce que cela seul est nécessaire dont le
contraire implique contradiction. Il est impossible que
le monde ne soit pas, mais la chose n'est pourtant pas
contradictoire. Cette impossibilité ne repose que sur le
principe de la raison suffisante. Le même expédient doit
sauver la liberté humaine. Le concours des motifs et des

penchans incline seulement, il n'oblige pas; cependant l'action ne saurait jamais différer de ce que l'inclinaison détermine. Il y a donc, selon Leibnitz, deux nécessités; d'abord la nécessité proprement dite, reposant sur le principe de contradiction, puis la nécessité qui naît de la présence d'une raison suffisante et que l'on pourrait appeler nécessité morale. La créature résulte de l'être de Dieu par une nécessité morale. Mais cette distinction, il faut l'avouer, ne résout aucune difficulté et ne peut pas même se soutenir. Toute nécessité morale est en dernière analyse nécessité logique, de contradiction. Ainsi Dieu est déterminé à créer par une raison suffisante, mais le principe de la raison suffisante est dans sa nature, dans son essence. La supposition que Dieu n'agit pas, malgré la présence d'une raison suffisante pour motiver l'action, serait donc une supposition contradictoire. Si nous ne trouvons plus la roideur d'expression de Spinosa, les choses pourtant n'ont guère changé. Nécessité morale, nécessité logique, les mots seuls font la différence.

Le lien de toutes choses, selon la Théodicée, c'est donc la nécessité morale; nécessité morale pour le créateur de créer comme il fait, nécessité morale pour la créature d'agir comme elle agit.

Le mal est *moral* ou *physique*, mal de coulpe ou mal de souffrance, mais la source de l'un et de l'autre c'est le mal *métaphysique*; or le mal métaphysique ne provient point de la créature, il est antérieur à la création, il entre au nombre des conditions *sine quâ non* de toute

---

¹ Théodicée, Tome I, 97. Nous citons d'après l'édition d'Amsterdam en 2 vol.

création extérieure quelconque [1]. En effet le mal métaphysique n'est autre chose que la limitation des qualités
de toute créature, limitation sans laquelle la créature
serait égale à Dieu, ce qui implique contradiction.
Le mal métaphysique ne résulte donc pas de la volonté
de Dieu; il est conçu par son intelligence et accepté
comme une nécessité qui n'empêche pas le mérite positif d'une création. Leibnitz fait voir ensuite que tout
l'être de ce que nous appelons le mal n'est en effet que
négation, privation, la réalité positive des choses étant
toujours bonne. Une chose n'est mal que par ce qui lui
manque. Dieu veut quelquefois le mal physique comme
moyen; il ne veut jamais le mal moral, bien qu'il le
puisse permettre à titre de condition *sine quâ non*, qui
le lie nécessairement à la réalisation du meilleur.

Pour comprendre comment nous pouvons dire, même
après ces distinctions et ces réserves, que Dieu veut le
mal, il faut distinguer encore entre ses volontés. Il y a
d'abord *une volonté antécédente*, une intention générale,
d'après laquelle Dieu veut toute espèce de bien. Mais
la réalisation de tous les biens possibles se contredirait,
il ne peut en exister qu'une certaine quantité à la fois.
Avant toute création il y a une infinité de mondes possibles; l'œuvre de sa sagesse consiste à choisir, entre ces
combinaisons infinies de possibilités diverses, le système
qui concilie le plus de bien positif qu'il se peut. L'idée
même que nous avons de sa divinité ne nous permet pas
de supposer qu'il ne l'ait pas choisi. Ce choix du meilleur entre tous les possibles est un acte unique de son
espèce, il embrasse tout l'univers, puisque tout dans
l'univers est déterminé. C'est la création elle-même. C'est

la *volonté conséquente* de Dieu, laquelle est toujours suivie d'exécution.

Ainsi la volonté antécédente embrasse tous les biens, la volonté conséquente, résultat de l'application de la sagesse infinie à cet amour infini, porte sur la plus grande somme de bien conciliable, dût le plus grand bien possible en exclure le moindre, dût-il (ce qui est au fond la même chose) impliquer une certaine dose de mal.

Quant à la liberté de l'homme, il en est très-souvent question; il s'agit de la concilier non-seulement avec la prescience, mais avec l'absolue prédétermination qui est à la base de tout le système, et qui résulte nécessairement de l'harmonie préétablie. Nous avons dit que Leibnitz assied la liberté de l'homme sur la même distinction qui lui a déjà servi pour la liberté de Dieu.

L'homme est libre, dit-il, car il sait ce qu'il veut, et s'il le sait, c'est parce qu'il le veut, mais la volonté elle-même est toujours inclinée d'une manière irrésistible qui résulte de la constitution même de l'âme et de l'harmonie universelle. Cependant cette volonté n'est pas nécessaire, parce que vouloir le contraire n'implique pas contradiction. Ainsi Dieu a fort bien pu prévoir avec certitude que telle âme, dans tel moment donné, voudrait et ferait telle chose; acte, vouloir, qui ne sont au fond que le déroulement de l'essence intérieure, éternelle de l'être spirituel, et dont l'absence bouleverserait l'équilibre de l'univers [1]. La fameuse antinomie entre la liberté et la nécessité ne vient, selon Leibnitz, que d'un mésentendu levé par la Monadologie et le système de l'Harmonie préétablie.

[1] Théodicée, Tome II. p. 154.

On réserve avec raison le nom de nécessité à la nécessité logique, métaphysique, mathématique. Cette
nécessité n'est point la loi du monde réel. En revanche
on entend par liberté, une liberté d'indifférence, d'é-
quilibre absolu, l'égale possibilité de faire ou de ne pas
faire, liberté imaginaire, disons plus, inimaginable soit
en l'homme soit en Dieu. Mais si l'on réduit la nécessité
à la *détermination* qui suit infailliblement une raison
suffisante, si l'on réduit la liberté de l'être spirituel à la
spontanéité de son action, alors cette nécessité qui est
l'ordre, cette liberté qui est la vie se concilieront parfaitement et leur union nous expliquera l'univers.

Cependant, Messieurs, Dieu n'a pas seulement prévu
les déterminations de l'être libre, ainsi nos crimes et nos
erreurs, mais les prévoyant avant la fondation du monde
dans son intelligence éternelle, il les a réalisés lui-même
et nous créant, c'est-à-dire, en nous plaçant, tels que
nous sommes, dans l'enchaînement indissoluble de cet
univers. Leibnitz, tout en reconnaissant la chose, déclare
que cela ne diminue en rien notre responsabilité ni la
bonté de Dieu.

Notre responsabilité, dit-il : en effet pour avoir fait
passer du possible au réel un être conçu comme libre,
une action conçue comme volontaire. Il n'a point
changé le caractère qu'elle avait dans l'ordre des possibilités. L'idée, l'idéal, c'était l'idée d'un être libre qui
ferait telle ou telle chose; en réalisant cette idée Dieu
n'a pu créer qu'un être libre qui fait telle ou telle
chose.

Mais si cette chose est mauvaise et son auteur cou-
pable, Dieu est-il bon? — Il l'est sans doute, parce que

7

les actes coupables et l'existence même de leur auteur
pervers étaient la condition *sine qua non* d'un plus
grand bien, du plus grand bien possible, selon les principes que vous connaissez.

Nous nous réconcilierons avec le spectacle des choses
du monde en élevant plus haut nos regards. La doctrine
de l'harmonie préétablie ne nous montre pas seulement
sous un jour merveilleux la sagesse et la beauté du monde
d'ici bas. Elle nous ouvre encore sur les choses du ciel
de sublimes perspectives. « Cette harmonie qu'il faut reconnaître entre toutes les choses de la terre, qui seule
en particulier peut nous rendre raison de l'union de
l'âme et du corps, nous devons la constater entre les rè-
gnes de la Nature et de la Grâce [1]. Cette harmonie fondée sur l'ordre même des choses naturelles fait l'accord
entre Dieu comme architecte et Dieu comme monarque,
ensorte que la série des événemens naturels obéissant à
ses propres lois se développera de manière à ce que,
par l'effet même du cours régulier des choses, toute vertu trouve sa récompense et tout péché son châtiment.
Ainsi les choses servent aux desseins de la grâce par les
forces même de la nature. Ce globe, par exemple, sera
détruit et rétabli par des moyens naturels au moment
où le gouvernement spirituel l'exigera pour punir les uns
et récompenser les autres. C'est pourquoi tous les esprits
soit des hommes soit des génies, entrant en société avec
Dieu, sont des membres de la cité de Dieu, c'est-à-dire
du plus parfait état, formé et gouverné par le plus grand

[1] Oeuvres de Leibnitz, Tome II, p. 57.

et le meilleur des monarques, où il n'y a point de crime sans châtiment, point de bonne action sans récompense proportionnée, et enfin autant de vertu et de bonheur qu'il est possible. Dans cette cité spirituelle éclate la bonté proprement dite de Dieu, tandis que dans l'ensemble de ses ouvrages se lisent les marques de sa sagesse et de son pouvoir. » Architecte et conservateur de l'univers, il se montre aux esprits capables d'en concevoir l'idée et d'entrer en société avec lui, sous les traits d'un prince et d'un père. Conformes à notre nature, les biens promis à notre avenir sont des biens spirituels, l'amour, qui doit nous donner le plus grand plaisir dont l'homme est capable quand Dieu en est l'objet; et il est aisé de l'aimer comme il faut si nous le connaissons comme je viens de le dire. « Il est vrai que la suprême félicité ne saurait jamais être pleine, parce que Dieu étant infini, il ne saurait jamais être connu entièrement. Ainsi notre bonheur ne consistera jamais, et ne saurait consister dans une pleine jouissance, où il n'y aurait plus rien à désirer; l'essence de notre âme indique que ce doit être un progrès perpétuel à de nouveaux plaisirs et à de nouvelles perfections. »

Leibnitz s'arrête volontiers sur ces belles idées, qui sont un développement naturel de ses vues sur les monades et sur l'harmonie. Je les ai rapportées ici, parce qu'elles se lient aux questions de la Théodicée. Elles parlent éloquemment en faveur de cette perfection des choses existantes dont la Théodicée a pour but de nous convaincre. Mais les grandes difficultés n'en demeurent pas moins.

Dieu ne saurait choisir que le meilleur, donc le monde

réel est le meilleur possible et le mal qui s'y trouve est par conséquent indispensable à ce mieux. Tel est l'argument fondamental de la Théodicée. Cet argument suppose ce qui devrait être prouvé. En effet, Messieurs, la question n'est pas de savoir si l'œuvre d'un Dieu parfait est bonne, mais c'est de savoir si le monde où nous vivons est l'œuvre d'un Dieu parfait. Le Dieu parfait accordé, le raisonnement va de lui même. Mais le Dieu parfait, voila la question.

Leibnitz n'avait que deux moyens pour prouver sa thèse : Ou bien démontrer à priori l'existence d'un Dieu libre et parfait, alors on aurait été obligé d'admettre la perfection du monde qu'il a créé comme la conséquence de cette démonstration, par une nécessité de la pensée, même sans comprendre comment le monde est parfait, sans avoir résolu aucun des problêmes particuliers qu'il nous présente : ou bien il fallait en expliquant le phénomène du monde en faire voir clairement la perfection ; de cette manière la perfection de Dieu aurait été démontrée *a posteriori* par la perfection de son ouvrage. Mais la preuve métaphysique de l'existence de Dieu ne nous conduit qu'à un être absolument existant, non à un esprit personnel et libre. Pour arriver à un Dieu parfait les preuves empiriques supposent la perfection du monde. Cette perfection n'est donc pas démontrée *a priori,* et quant à la preuve *a posteriori,* Leibnitz refuse de la fournir. Il se renferme dans l'assertion que le monde est parfait. Il suit de ses raisonnemens que la chose est concevable, mais il ne cherche pas à en démontrer directement la réalité. Il faut aller chercher ailleurs les preuves. Quant à la proposition fondamentale que le mal existant est la condition du bien positif dans l'univers, proposition qui doit nous réconcilier avec les phénomènes et seule pourrait faire admettre l'existence de Dieu, Leibnitz ne fait rien pour l'éclaircir, il ne s'y croit pas même obligé. « M. Bayle, dit-il, [1] en demande un peu trop ; il voudrait qu'on lui montrât en détail *comment* le mal est lié avec le meilleur projet possible de l'univers, ce qui serait une explication parfaite du phénomène, mais nous n'entreprenons pas de la donner, et nous n'y sommes pas obligés non plus, car on n'est point obligé à ce qui est impossible dans l'état où nous sommes. Il suffit de faire remarquer que rien n'empêche qu'un certain mal particulier ne soit lié avec ce qui est le meilleur en général. Cette explication imparfaite et qui laisse quelque chose à découvrir dans l'autre vie est suffisante pour la solution des objections, mais non pas pour une compréhension de la chose. » — Ce passage montre clairement quel point de vue domine tout ce travail. Le terrein est celui de la Théologie, la forme polémique ; on n'établit rien positivement, on réfute, on discute. La Théodicée de Leibnitz n'est pas ce que son titre promet, une Théodicée chrétienne, c'est-à-dire, une explication du monde réel au point de vue chrétien. Même en admettant le point de départ, Dieu, le raisonnement de Leibnitz ne conduit pas au but. On peut le dire, malgré l'aménité et la grâce, l'érudition et le génie dont il est plein, ce livre n'est que le cadre abstrait et vide, le programme de toute Théodicée quelconque. Ce qui va au delà sort du christianisme et du but proposé.

[1] Théodicée, Tome II, p. 50.

Que Dieu ait tout fait pour le mieux, je le crois bien, mais quel est ce plan, quelle est cette idée? voilà ce que je voudrais savoir, et si vous ne me le dites pas, vous n'avez rien à m'apprendre. — Cependant Leibnitz avait raison de refuser les explications sur le lien du bien et du mal, sur le *comment* des choses. Avec son système de nécessité qu'aurait-il pu dire?

La créature est nécessairement limitée parce qu'elle est créature. Il faut des degrés entre les créatures pour la variété qui est un avantage positif; de là plus de limitation dans de certaines classes. La limitation produit le mal; voilà l'idée fondamentale. Quant aux détails, aux considérations théologiques, il vaut mieux les passer sous silence. A la vérité le nombre des pécheurs damnés est plus grand que celui des hommes destinés au salut, mais la proportion n'est pas si désavantageuse qu'on le croit. D'ailleurs l'intensité du bonheur des justes surpasse tellement le malheur des damnés que la balance du bien l'emporte, malgré le désavantage numérique. — Le bien des créatures morales n'est, du reste, pas tout, il faut tenir compte également de toutes les autres. Et puis notre monde est peu de chose, il y en a d'autres, peuplés d'autres hommes, ou de génies chez lesquels la proportion du mal est sans doute beaucoup moins forte.

Il n'y a rien de commun entre de tels argumens et la grandeur du problème. De tels passages excusent, semble-t-il, ceux qui n'ont pas pris la Théodicée au sérieux.

Il y avait peut-être un moyen de remplir le programme de Leibnitz, et sans dépouiller le mal de son sanglant caractère, on pouvait, ce me semble, montrer

la souveraine bonté des conseils de Dieu. L'énigme universelle se résout dans un mot suprême. Leibnitz et
toute la troupe des philosophes ont reculé devant lui. Il
révolutionnera la pensée comme il a transformé les em-
pires. Ce mot , c'est la liberté !

Faire entrevoir par un coup d'œil rapide comment le
problème du monde réel se résout pour une philosophie
qui prend la liberté pour premier principe , telle sera la
tâche de la leçon prochaine ; dans la dernière nous essayerons d'appliquer la même idée aux dogmes fondamentaux du christianisme.

Sixième Leçon.

SOMMAIRE. Esquisse d'une Théodicée fondée par le principe de la liberté. La liberté du Créateur conduit à la liberté de la créature. Toute liberté est liberté de choix. Celle de la créature est nécessairement relative à celle de Dieu. Origine du bien et du mal possibles. La possibilité d'une chûte est inhérente à la meilleure création possible, c'est-à-dire, à une création libre. Introduction à l'explication du Monothéisme chrétien et de la personnalité de Jésus-Christ par la liberté absolue de Dieu. Passage de Leibnitz sur la Trinité. Incompatibilité du point de vue du Christianisme sur la Nature divine et de la logique ordinaire. Nécessité d'une philosophie chrétienne.

Au principe de toutes choses, avant tous les temps est Dieu. Si Dieu est le véritable commencement, il ne peut exister pour lui aucune espèce de nécessité. Il est libre. On ne peut donc prédire s'il créera, prévoir ou calculer *comment* il créera, mais il a créé ; c'est un fait, et dans cette création nous pouvons contempler le côté, la face de lui même qu'il a dirigée vers elle, la manifestation volontaire de cette absolue liberté.—De l'idée de Dieu, commencement de toute intelligence véritable, on ne saurait donc déduire le fait d'une création ; mais l'idée de Dieu et le fait de la création étant donnés tous les deux, on peut éclairer le second par la première ; on peut contempler l'univers dans les rayons de l'absolue liberté, et la question spéculative devient celle-ci :

Comment concevoir le monde de notre expérience comme un produit de Dieu, l'esprit absolument libre ?

Cette question suppose deux sciences : 1° Une science expérimentale qui nous donne le sens, la réalité du monde existant, le vrai fait des phénomènes complexes de la nature et de l'histoire.

2°. Une science philosophique, tirée n'importe d'où, peut-être de cette expérience elle-même, peut-être du développement spéculatif des idées nécessaires de la raison ou de l'histoire de la pensée humaine, peut être aussi d'une révélation, ou même de toutes ces sources à la fois, qui nous donne l'idée de Dieu esprit, c'est-à-dire de l'être absolument libre.

Sans la posssession de ces deux préliminaires, on ne saurait espérer une solution complète du problème que nous venons de poser. Les recherches qu'il exige embrassent la philosophie tout entière dans ses deux directions ; recherche du principe suprême, explication de l'univers en partant du principe. Les études historiques auxquelles nous nous livrons rentrent également dans cet ensemble de travaux. A mesure que nous nous avancerons davantage vous saisirez mieux leur rapport avec pilosophie. Elles auront rempli leur but, je puis vous le dire, si elles vous font voir clairement comment, au terme du long chemin qu'il a parcouru jusqu'ici, l'esprit humain est conduit par ses propres expériences à placer un Dieu personnel et libre, non pas à la fin, mais au commencement de la science véritable. Aujourd'hui nous ne saurions embrasser la question dans cette immense portée. Nous restons avec l'auteur de la Théodicée sur un terrain à demi philosophique. Nous supposerons accordé notre premier principe, un Dieu personnel et libre, et reprenant la tâche de Leibnitz, nous essayerons

de montrer, en partant de cette seule donnée, la raison
d'être, la perfection, si vous voulez, du monde chrétien.
Faire sortir le monde chrétien de la seule idée d'un Dieu
libre, c'est démontrer le christianisme à ceux qui ad-
mettent la liberté de Dieu ; c'est une tâche d'apologétique
chrétienne, mais c'est une tâche philosophique aussi,
c'est un problème voisin de celui de la Théodicée. Il
va sans dire, du reste, que je ne puis ni m'avancer,
ni m'étendre beaucoup, [1] puisque nous allons nous séparer. J'essaie seulement les premiers pas, pour vous
donner une idée de la méthode que j'emploie.

Nous n'entrons pas dans l'examen du motif qui a en-
gagé Dieu à créer le système d'existences secondes dont
nous faisons partie. Ce motif, il est aisé de le comprendre et fort nécessaire de s'en souvenir, ne peut être que
l'amour pour la créature à venir, puisque Dieu n'a besoin de rien pour lui même, cela est compris dans l'idée
de sa liberté [2]. Puisque l'idée de son absolue liberté empêche de chercher les motifs de la création en lui même
et que rien d'ailleurs n'existe hors de lui, on ne saurait
trouver le motif de la création que dans la créature à venir. Mais dire qu'un Dieu libre crée par un motif puisé
dans la créature, ou bien dire qu'il crée par amour pour

[1] Pris dans toute son étendue, le problème que nous nous proposons embrasse-
rait la théologie spéculative proprement dite, et la philosophie de la religion. En
partant de la même donnée, la liberté de Dieu, mais en s'attachant davantage aux
faits d'expérience, on pourrait tracer une philosophie de la nature et de l'histoire. Si les grand faits de la nature et de l'histoire s'expliquent spéculativement
par la liberté de Dieu, celle ci sera prouvée elle-même. Ce serait une démonstration *a posteriori* du principe.

[2] On pourrait dire également de sa totalité, de sa personnalité ; car au sommet
ces catégories se confondent.

la créature, c'est à mes yeux la même chose. Tout autre explication, philosophique, théologique ou rhétorique de l'acte créateur, suppose en dernière analyse un besoin en Dieu, et fait par conséquent du monde un complément de son être, doctrine dont les conséquences sont inévitables. — Aussi vrai qu'un Dieu libre existe, pouvons-nous dire, il a créé par amour pour la créature à venir.

Il voulait donc le bien de cette créature, mais quel plus grand bien que de ressembler à Dieu, bien suprême ? Il était donc naturel, je ne dis pas nécessaire, que Dieu créant par amour, créât à son image. Or Dieu est créateur et libre, ce qu'on exprime en un mot en disant qu'il est esprit. La créature de son amour fut donc libre, créatrice, spirituelle.

Nous aurons constaté comme fait, que le monde créé est le meilleur possible, s'il nous est donné de prouver que ce monde est l'image de Dieu, c'est-à-dire un monde de liberté.

De la liberté du créateur nous inférons la liberté de la créature.

Cependant, Messieurs, avec la création nous sommes sortis de l'absolue lumière, nous voyons déjà poindre la limitation et la nécessité. La liberté de Dieu repose sur sa nature même, elle est essentielle, éternelle. C'est la seule chose dont il soit permis de dire, elle ne peut pas ne pas être. La liberté de la créature repose sur l'acte de Dieu. Elle est accidentelle, elle pourrait ne pas être.

Cette différence n'est pas la seule. La liberté de Dieu est absolue, celle de l'homme est relative, elle est dans un rapport nécessaire avec la liberté de Dieu. Pour qu'il y

ait liberté , il faut nécessairement qu'il y ait choix , la liberté de Dieu lui même est la liberté de son choix. Mais
le choix de Dieu est toujours bon, c'est ainsi que l'on
s'exprime dans le catéchisme, et l'expression est très bonne
pour le catéchisme, car elle renferme une grande vérité
sous une forme puérile. Le choix de Dieu est toujours
bon , c'est-à-dire que ce qui est bon est le choix de Dieu.
Les déterminations morales ne sont pas la règle de la liberté de Dieu , mais la liberté de Dieu est la source vive
et jaillissante des déterminations morales. Dieu ne veut
pas telle chose parce qu'elle est bien , mais ce qui
est bien, c'est ce que Dieu veut [1]. La liberté de Dieu

---

[1] Nous avons déjà vu combien Leibnitz est éloigné de l'opinion exprimée ici.
« Il y a » écrivait-il un jour à Bourguet, « un professeur de Lausanne qui a
» commenté sur Puffendorf, du droit de la nature, et m'a fait un procès sur la
» manière dont je parle en passant dans la Théodicée, de son auteur, lequel sou-
» tient que les vérités morales dépendent de la volonté de Dieu, doctrine qui m'a
» toujours paru extrêmement déraisonnable ; et j'ai dit là-dessus que M. Puf-
» fendorf ne devait pas être compté dans cette matière. — Là dessus le profes-
» seur de Lausanne s'est fâché contre moi, et dit que le sentiment de son au-
» teur paraîtra toujours plus raisonnable que mon harmonie préétablie. Mais je
» crois de pouvoir bien dire aussi que son jugement ne doit pas être compté sur
» cette matière. » (Oeuv. de Leibnitz, T. II, p. 534). L'opinion de Barbey-
rac, que Leibnitz repousse avec un peu de hauteur , témoigne cependant à mon
sens de plus de liberté d'esprit que celle de la Théodicée. Celle-ci est le jugement naturel de la philosophie que nos voisins ont appelé philosophie de *réflexion*, qu'on pourrait appeler psychologique, dans laquelle l'esprit individuel
se prend comme centre et mesure de tous les rapports. Le professeur bernois
défendait une thèse plus spéculative. Les déterminations morales ont pour l'intelligence finie quelque chose d'immuable, d'absolu, et il semble absurde de les faire
dépendre d'une volonté. Mais il suffit pour dissiper cette apparence , de faire
attention que notre raison particulière est un produit de la même volonté qui a
déterminé les vérités morales. Les vérités morales sont l'atmosphère de notre
âme et son horizon. Elles sont nécessaires *pour notre âme*. Que dirait Leibnitz
de l'idée que le temps, l'espace, la logique résultent de la volonté de Dieu ? Et
cependant il faut aller jusques là , ou renoncer à Dieu.

s'exerçant dans le choix est donc néahmoins absolue , elle réalise ce qu'elle veut, oui Messieurs, même les contraires, elle a la place pour cela, et le nier, c'est dans la pusillanimité de sa pensée, nier toute espèce de liberté.

Mais la liberté de la créature est aussi liberté de choix, elle peut donc se déterminer ou dans le sens de la liberté de Dieu ou bien dans le sens contraire. Hors de cette possibilité, il n'y a point de liberté quelconque, et la création n'est pas dans son essence l'image de son auteur, elle n'est pas la meilleure.

La créature peut donc *choisir.* Ici encore il n'y a point de nécessité du tout, point d'inclination, de prédétermination. — La nécessité d'embrasser l'une des alternatives ne vaudrait pas mieux que la nécessité d'embrasser l'autre, ce serait au fond parfaitement la même chose, car il n'y aurait ni bien ni mal sans liberté.

Mais, messieurs, que comprend la première alternative : La liberté de la créature se détermine dans le sens de la liberté de Dieu? — C'est l'accord, c'est l'harmonie, c'est l'unité retrouvée par delà l'acte créateur qui a fait jaillir cette liberté seconde du sein de l'essence divine, c'est l'union par la création et dans la création, c'est le commerce intime des natures spirituelles, c'est le flux et le reflux de l'amour, c'est la félicité suprême, c'est le *bien.*

La détermination de la liberté seconde dans un sens contraire à celle de Dieu, c'est le *mal.* Abstraitement parlant le mal est ce *qui ne doit pas être*, mais la source de tout *devoir* quelconque c'est l'absolue volonté de Dieu, cela, messieurs, découle nécessairement de l'idée, de l'hypothèse, si vous voulez, d'un Dieu libre, or nous raisonnons toujours dans cette hypothèse. Le devoir ne s'adresse qu'à la volonté et ne peut avoir sa source que dans la volonté. Dire que quelque chose doit-être, parler d'un bien ou d'un mal dans un sens quelconque, c'est entrer dans le système de la liberté.

Ainsi, messieurs, l'opposition du bien et du mal, qui, relativement à Dieu, n'a point de sens, est impliquée dans la liberté seconde. Elle naît en même temps que la créature libre. L'opposition du bien et du mal dans sa virtualité, dans son essence, comme opposition d'un bien et d'un mal *possibles* est l'un des caractères de la création la plus parfaite et la plus digne de Dieu, celle dans laquelle Dieu produit à son image.

Il y en aurait assez là, ce me semble, pour répondre à la première question de la Théodicée. Ici nous entrevoyons, du moins, comment ce monde, tout absurde et tout cruel que souvent il paraisse, peut être digne de Dieu. Ce qui explique le monde, c'est la chûte ; ce qui explique la chûte c'est la liberté ; ce qui explique la liberté, c'est Dieu lui-même.

Par son déterminisme, Leibnitz s'est privé du seul moyen d'arriver au but. On peut trouver chez lui des mots qui rappellent les idées que nous venons de produire. L'intime réalité ne s'y trouve pas. Il y a le besoin de quelque chose, non pas la chose. Dieu est l'auteur du monde, donc le mal est la condition du mieux, mais comment le mal peut-il être la condition du mieux ? Cette question renferme tout le problème, vous avez vu que Leibnitz ne se croit pas obligé d'y répondre. Il ne fallait pas laisser surgir la question. Non, le mal n'est pas la condition du mieux, mais la possibilité réelle du mal,

8

voilà la condition du meilleur monde, car cette possibilité du mal, c'est, chez la créature, la liberté. Tout cela
n'est pas bien nouveau sans doute, les théologiens ont
dit cela depuis qu'il y a des théologiens. C'est la Bible,
c'est le Christianisme ! Mais si ce n'est pas nouveau,
c'est grand pourtant, c'est simple, c'est beau, c'est vrai !
Pour se défendre le Christianisme n'a pas besoin de se-
cours étrangers, pas surtout d'un système de nécessité,
fût-il même plus travaillé, plus accompli, plus rigou-
reux que celui de Leibnitz. Le Christianisme n'a pas
peur de la liberté ; le Christianisme, c'est la liberté !
Leibnitz ne la comprend pas. Tout, l'acte de Dieu lui-
même, peut-être prévu *a priori,* car il a sa raison suffisante. Il n'y a donc nulle part un commencement origi-
nal, il n'y a point de liberté. Avec les meilleures inten-
tions du monde, nous n'arriverons jamais au Christianisme en suivant cette route.

Je l'ai montré, quand il s'agit d'entrer véritablement dans le sujet, Leibnitz n'emploie que de petites
raisons, il se plaint des esprits moroses, il dit qu'on
augmente le mal en en parlant, il n'éclaircit rien, il atté-
nue. Pourtant çà et là on trouve un mot qui va plus
au fond. Souvent il reproduit sa thèse abstraite, que la
liberté seule peut rendre intelligible.[1] » « Le meilleur parti
» n'est pas toujours celui qui tend à éviter le mal, puis-
» qu'il se peut que le mal soit accompagné d'un plus
» grand bien, par exemple, « dit-il, » un général d'armée
» aimera mieux une grande victoire avec une légère
» blessure, qu'un état sans blessure et sans vic-

[1] Théodicée, Tome II, p. 289.

» toire. » C'est toujours la même idée, mais l'expression m'a frappé ; sans doute ce mot n'est pas là par hasard.... C'est bien cela, une grande victoire, une blessure ! Cette blessure, c'est la victoire ! Ceci conduirait bien loin ! Pourquoi Leibnitz n'en a-t-il pas dit davantage ? Pourquoi l'aigle n'a-t-il pas rompu ses rêts ? Pourquoi ne s'est-il pas envolé vers la lumière et vers la liberté ? — La philosophie de Leibnitz est loin de donner la mesure de son génie, il la débordait de toutes parts.

« Il y a véritablement deux principes, mais ils sont » tous deux en Dieu » dit-il à l'occasion du manichéisme[1], « savoir son entendement et sa volonté. L'en- » tendement fournit le principe du mal sans en être » terni, sans être mauvais ; il représente les natures » comme elles sont dans les vérités éternelles, il con- » tient en lui la raison pour laquelle le mal est permis, » mais la volonté ne va qu'au bien. — Ajoutons un troi- » sième principe, c'est la puissance ; elle précède même » l'entendement et la volonté, mais elle agit comme » l'un le montre et comme l'autre le demande.

» Quelques-uns, (comme Campanella) ont appelé » ces trois perfections de Dieu les trois primordialités. » Plusieurs ont même cru qu'il y avait là dedans un se- » cret rapport à la sainte Trinité ; que la puissance se » rapporte au Père ; c'est-à-dire à la source de la divi- « nité, la sagesse au verbe éternel, qui est appelé λογος » par le plus sublime des évangélistes, et la vérité ou » l'amour au Saint-Esprit. Presque toutes les expres- » sions ou comparaisons prises de la nature de la subs- » tance intelligente y tendent. »

[1] Théodicée, Tome II, p. 54.

Leibnitz n'a pas poursuivi. Il n'aurait pu le faire qu'en dépassant, non seulement son propre système, mais toutes les données philosophiques de l'époque où il vivait.

En prenant toujours au sérieux la Théodicée et le Protestantisme de Leibnitz, quel serait le sens de ces derniers mots? C'est que l'on peut trouver dans les trois perfections, qualités ou attributs de Dieu, sa puissance, sa sagesse, son amour, le germe et la base du Père, du Fils et du Saint-Esprit, qui, dans le dogme de l'Eglise sont chacun une personne, et possédent chacun la puissance, la sagesse et l'amour. Il faut bien, messieurs, qu'il y ait en fait quelque chose de semblable. Si le dogme de la Trinité est vrai, il faut qu'il y ait une clef de la contradiction qui nous frappe. Il faut qu'il y ait réellement pour l'Etre un dans sa substance et multiple dans ses attributs, une manière de se transformer en plusieurs.

L'unité de l'être absolu comprend, d'après le dogme chrétien, non-seulement plusieurs attributs abstraits, mais plusieurs personnes concrètes. Cela demeure aussi vrai que le dogme, soit que nous comprenions la manière dont la chose est possible, soit que nous ne la comprenions pas. Mais quels que soient précisément les rapports de l'unité et de la pluralité que la foi chrétienne suppose, ceci, du moins, est évident, c'est qu'ils sont en contradiction formelle avec l'opposition absolue de l'être et des qualités, de la substance et des accidens, telle que l'on a coutume de l'établir. D'après cette opposition il ne saurait rien exister que l'être et les qualités de l'être. Eh bien! Les personnes de la Trinité sont-elles des êtres, sont-elles les qualités d'un être ? Il n'y a pas besoin de savoir ce qu'elles sont proprement pour pouvoir prononcer hardiment : ni l'un ni l'autre. Ainsi, messieurs, que la Trinité soit un mystère absolu, ou que son caractère mystérieux provienne seulement de l'état actuel de la science, toujours reste-t-il certain que notre idée de l'être et de ses qualités est fausse relativement à la Trinité. C'est-à-dire, messieurs, que la manière absolue et universelle dont notre logique envisage l'*être,* est inapplicable à *Dieu*, la source des êtres, le seul être dans le sens parfait du mot. C'est-à-dire que nos catégories ne sont pas vraies relativement à la réalité. Ou cette logique est fausse, ou bien le christianisme est faux ; il n'y a pas de milieu.

Pour suivre le chemin que Leibnitz entrevoyait, il lui aurait donc fallu bouleverser la logique et les catégories régnantes. Et cependant, messieurs, une fois ce chemin entrevu, comment pouvait-on l'abandonner et continuer une théodicée, une philosophie ? Si la Trinité renferme véritablement l'idée de Dieu, n'est-il pas parfaitement évident que les véritables solutions philosophiques ne peuvent se trouver qu'en elle ? Négliger l'idée de Dieu et bâtir une science à côté, n'est-ce pas bâtir à côté de la vérité ? — Mais Dieu dans son essence est incompréhensible, disent le catholique et le protestant. — C'est fort bien ; j'en conviendrai, si vous le voulez, mais reconnaissez qu'en affirmant cela, vous renoncez à toute véritable intelligence des faits, vous proclamez l'empirisme comme le seul moyen d'obtenir une connaissance relative et précaire, en un mot que vous renoncez à la science, à la philosophie dans le sens élevé du mot. Et puis, lors-même que vous avez déclaré l'idée de Dieu *au-dessus* de toute intelligence, encore serait-il convenable de s'y tenir attaché aussi loin que notre intelligence peut nous conduire, et de ne pas accepter légèrement une logique et des formes de pensée que nous reconnaissons nous-mêmes être *en contradiction* avec cette idée suprême.

Au reste, messieurs, il serait peut-être difficile de trouver dans l'Evangile le dogme de la Trinité avec tout le développement qu'il a reçu dans l'église. Dès lors on pourrait dire que la foi chrétienne n'exige pas absolument l'admission de ce dogme. Mais l'idée de la divinité de Jésus-Christ, qui est sans contredit indispensable pour le Christianisme, nous jette dans les mêmes difficultés, ou plutôt, messieurs, nous impose les mêmes obligations. Nos vues abstraites de l'*un* et du *plusieurs* heurtent également devant la divinité de Jésus-Christ. Si nous obtenions jamais l'intelligence de la divinité de Jésus-Christ, le progrès de notre connaissance consisterait évidemment à comprendre comment la pluralité des attributs, des qualités, des directions ou des volontés de l'être un et personnel se prononce au point de devenir pluralité de personnes. Et lors-même que nous ne devrions jamais *sonder* ce mystère, encore pour pouvoir *y croire*, faut-il admettre un passage tel que nous venons de l'indiquer. Ce passage est impliqué dans le dogme lui-même qui n'admet pas plus pour le médiateur une divinité séparée de celle du Père qu'il ne permet de confondre leur existence et leur action.

Dès lors, messieurs, lorsque l'on croit à de pareils dogmes, l'on n'a que deux partis à prendre relativement à la philosophie. Ou bien il faut y renoncer, mais sans demi-mesures et sans retour, ou bien il faut la mettre tout entière dans ces profondes vérités, l'alpha et l'oméga de notre science. C'est là et là seulement que se peut trouver l'explication véritable, fondamentale des phénomènes, la solution des problèmes spéculatifs. Le principe de toute connaissance, c'est le principe de toute réalité. Mais avant de pouvoir comprendre les choses au moyen de l'idée de Dieu, il faut posséder cette idée, ce qui implique, au point de vue de la foi chrétienne, l'intelligence des dogmes chrétiens. Leibnitz admet ces dogmes, à ce qu'il semble, et cependant il élève sa philosophie à côté d'eux. — Sa foi était-elle une feinte? — A quoi bon supposer cela! — Aurait-il négligé les réflexions que nous venons de faire? — Cela est moins probable encore! Voici, messieurs, ce que j'en pense : Si Leibnitz qui a défendu la Trinité et la divinité de Jésus-Christ contre les Sociniens « *quorum paupertina semper fuit philosophia,*» n'a cependant pas mis ces doctrines à la base de sa Théodicée et de tout son système, c'est qu'il n'en voyait pas la possibilité. Sa philosophie ne lui en fournissait pas les moyens. Il était homme, partant pressé de conclure. Il a fait entrer dans sa philosophie ce qu'elle pouvait embrasser. C'est le besoin d'avoir une opinion, d'arriver à quelque chose. Mais, pour la philosophie chrétienne du moins, ce besoin l'a perdu. Car il faut choisir entre le dogme et le système. Une philosophie qui n'explique pas tout ce je crois (tout ce qui est important) ne m'explique rien et n'est jamais que provisoire. C'est un essai, un degré, un effort; l'esprit ne peut s'y arrêter.

Je ne sais, messieurs, si l'esprit de l'homme fera quelque jour descendre la lumière dans les profondeurs des dogmes chrétiens. Le contenu de la révélation me semble une mine inépuisable dont l'intelligence libre ne sondera jamais que les abords. Il y aura toujours quelque chose de nouveau à découvrir. Aujourd'hui la philosophie épèle en bégayant les premières syllabes de cette parole. Qu'elle poursuive cependant! Chaque mot lui découvrira de nouveaux horizons et des richesses infinies. « *Bona sunt in scripturis sacris mysteriorum profunditates, quæ ab hoc teguntur ne vilescant, ab hoc quæruntur ut exerceant, ab hoc autem aperiuntur, ut pascant* » (*Prosper*). — Ce qui est certain c'est que ces vérités ne se découvriront jamais par hasard, ou par une nécessité de la pensée. La philosophie est un moyen dont l'esprit se sert pour se rendre compte de ce qui est en lui, et le philosophe, après tout, ne trouve que ce qu'il cherche.

Mais si le commencement de toute recherche et de tout labeur est la foi, la fin sera peut-être l'intelligence, et l'esprit fidèle au but qu'il poursuit, fera tourner à son profit tous les enrichissemens de l'expérience, tous les aggrandissemens de la pensée.

L'humanité, je le crois, ne peut point encore calculer la distance qui la sépare du moment où la vérité chrétienne, c'est-à-dire Messieurs, où le plan de l'univers s'éclaircira pour son regard. D'ailleurs, dans cette conquête de la terre promise qui est notre tâche intellectuelle, celui qui vous parle est bien loin, bien loin des premiers rangs. Cependant, Messieurs, je m'assure qu'en poursuivant les méditations dans lesquelles nous nous sommes engagés, nous réussirons à entrevoir le sens et la raison de ce déploiement de la personnalité divine qui est le dogme fondamental de notre religion, le fait par excellence, et la vérité suprême de l'histoire. Nous essayerons de comprendre, au moyen des principes déjà posés, comment Jésus-Christ doit apparaître dans l'histoire universelle comme une figure distincte, comme une divinité destinée à souffrir par la faute de la créature et procurant par sa souffrance, non seulement le rétablissement de l'ordre primitivement conçu, mais le progrès. C'est la face divine de l'histoire de toutes choses dont nous avons vu les premières crises du côté de la créature, et dont l'exposition est la seule théodicée possible. Si nous réussissons dans cette tentative, nous auront le droit d'espérer de l'avenir la solution de tous les autres problèmes, car nous seront sûrs d'être dans le vrai chemin. C'est par là que nous commencerons notre dernière leçon, après quoi, revenant à Leibnitz, nous dirons un dernier mot de la place qui lui appartient dans le développement de la Philosophie.

Septième Leçon.

Sommaire. La conséquence naturelle de la chûte serait l'anéantissement de la créature. Le fait que la créature a subsisté depuis la
chûte montre que la volonté créatrice primitive a été compri-
mée. Cependant elle ne saurait avoir cessé. Elle a donc été com-
primée par une autre volonté qui produit le maintien de la
créature. Le concours de ces deux volontés produit le gouvernement du monde. L'idée de deux volontés permanentes, conduit à celle de deux personnes. Développement de l'idée de la
personne de Jésus-Christ. Réponse à l'objection tirée de ce que
d'après l'Ecriture Jésus-Christ est éternel. Souffrance du Christ,
condition de l'existence de la créature. But de l'existence actuelle. Retour de la créature à Dieu par sa liberté. De la grâce
et de la liberté. La Restauration est un progrès.

Comparaison de Leibnitz et de Spinosa. Résumé de la critique
de Leibnitz. Des tendances divergentes se font jour dans les
écrits de Leibnitz. Ramené à la conséquence systèmatique il
rentre dans le point de vue de Spinosa. Il est en progrès sur
Spinosa par une plus vive intuition de l'activité de la substance,
mais il rend ce progrès inutile en restreignant cette activité à la
perception. Conséquence de cette restriction, idéalisme absolu
ou atomisme. Les germes contenus dans Leibnitz sont dévelop-
pés par Schelling.

La liberté du créateur est absolue. La meilleure création que nous puissions concevoir est une création libre.
Mais la liberté de la créature est nécessairement relative
à celle du créateur, de là naissent le bien et le mal, la
possibilité d'une chûte. La chute est un fait qui a sa
source dans la liberté et qu'on ne saurait déduire, mais
la possibilité d'une chûte est inhérente à la meilleure
création possible : cela suffit pour justifier Dieu de la
présence du mal, mais non pas, Messieurs, pour assou-
vir le besoin de notre pensée.

Quelle est la conséquence naturelle, la conséquence
logique de la chûte de la créature? Il suffit pour s'en
rendre compte de voir ce que l'idée de la chûte comprend. La chûte est une détermination de la volonté de
la créature dans un sens contraire à la volonté de Dieu,

c'est-à-dire, à la volonté infinie, absolue. Originairement, pensez-y bien, nous ne pouvons comprendre la volonté créatrice que comme une volonté simple, c'est-à-dire, infinie, absolue. Maintenant quelle est la conséquence de ce choc des deux volontés? Il est impossible d'en concevoir une autre, sinon que la volonté de la créature cesse d'être, car s'il en était autrement, la première ne serait plus absolue, mais limitée, limitée par la contradiction qu'elle éprouverait. La volonté de la créature cesse d'être.—Mais la créature, d'après ce que nous avons dit, est faite *pour vouloir*. La liberté est sa raison d'être, la liberté est son essence, l'anéantissement de sa liberté est donc l'anéantissement de son essence. C'est donc la créature tout entière qui est anéantie par ce choc des deux volontés, et cela infailliblement, irrésistiblement. Toute autre manière de voir serait arbitraire et, en dernière analyse, contradictoire, car pour n'en pas dire davantage, si vous supposez la créature subsistant sans liberté, vous supposez la continuation de quelque chose qui n'a plus de but. La créature subsiste, et n'est cependant plus la meilleure, puisque ce qui lui méritait ce nom, c'était la liberté elle-même. Elle n'est plus digne de Dieu, supposer sa durée c'est, comme que l'on s'y prenne, se mettre en contradiction avec l'idée de Dieu. La conséquence directe de la chûte, c'est l'anéantissement total de la création, si la volonté qui l'a posée d'abord continue à régner sans obstacles. Elle est reprise, elle n'a jamais existé, tout rentre dans l'abyme insondable de l'essence éternelle, absolue.

Mais en fait les choses se sont passées autrement, la créature a duré. La chûte a bien eu lieu, car le mal existe, et cependant la créature a subsisté, nous sommes ici et nous parlons. Et, chose admirable, la créature existe avec sa liberté, non pas, cela va sans dire, avec la liberté parfaite, non pas peut être avec la liberté de la créature primitive, mais enfin elle est libre. Nous sommes libres, nous voulons, nous pouvons vouloir avec Dieu ou contre Dieu !

Ceci nous fait voir que nos premières réflexions n'avaient pas tout embrassé, et que la liberté de Dieu est infinie autrement encore que nous ne le pensions. Le problème de la Théodicée est devenu celui-ci : Comment la créature libre, s'étant mise en contradiction avec la liberté de Dieu, peut-elle subsister encore en tant que créature libre? — Evidemment, Messieurs, cela vient de ce que la liberté de Dieu n'est pas seulement infinie en dehors, s'il est permis de s'exprimer ainsi, mais encore infinie au dedans. En vertu de cette infinité elle s'est posé une limite à elle-même. Elle s'est restreinte, elle s'est réprimée, elle s'est refoulée pour laisser une place à la liberté de la créature, tandis que naturellement occupant tout l'espace, pour ainsi dire, c'est-à-dire, toute l'existence, elle l'aurait anéantie.

Cependant, Messieurs, cette explication n'est pas encore complète.

Remarquez que la volonté créatrice de Dieu, relativement à nous, sa volonté première, ne peut pas s'effacer, ne peut pas disparaître.

En effet cette volonté première, c'est la volonté d'être absolu, d'être libre et de déployer sa liberté dans la production, non de laisser restreindre sa liberté par la créature; en un mot c'est la volonté d'être ce qu'il est, d'être Dieu [1]. Si cette volonté là changeait, cessait, n'était plus, Dieu ne serait plus. Il n'y aurait proprement plus de Dieu, cela est impossible. Il faut donc qu'elle persiste, cette volonté qui portait d'abord à produire la créature, et qui maintenant tend à l'anéantir. Et cependant le fait nous prouve que cette volonté d'abord absolue est restreinte, arrêtée, retenue, puisque la contradiction, temporaire du moins, à cette volonté, trouve une place dans l'existence.

Nous n'avons donc qu'un seul parti à prendre, c'est de reconnaître qu'il s'opère dans la volonté de Dieu un dédoublement, un partage; Dieu continuant d'un côté à vouloir ce qu'il a toujours voulu, à vouloir être et se manifester ce qu'il est, et par conséquent à repousser toute contradiction, et de l'autre restreignant, ramenant cette volonté pour que la création libre continue d'exister malgré l'opposition dans laquelle elle s'est mise vis-à-vis de lui.

Voilà donc, relativement à la créature, deux directions, deux tendances, deux volontés dans la liberté absolue, deux esprits dans l'esprit absolu, deux volontés également permanentes, également nécessaires à nos yeux, l'une pour que Dieu soit, l'autre pour que le monde soit.

Puisque ces deux esprits sont également nécessaires, puisqu'à chaque instant de la durée ils se manifestent simultanément dans les rapports de Dieu avec le monde,

---

[1] Dieu est un mot relatif; être Dieu suppose un monde dont on est le Dieu. Il faut donc dire, si Dieu est Dieu, c'est parce qu'il le veut, mais la cessation de cette volonté anéantit toutes les conditions de notre pensée.

il est évident qu'il doit s'établir entr'eux des rapports,
un commerce, une conversation, et le mouvement des
choses, l'histoire, dans le sens absolu du mot ne peut
nous apparaître au point où nous sommes que comme la
résultante de leur double effort.

Je crois, Messieurs, que cette idée d'une volonté distincte, nécessaire et surtout, pensez-y bien, d'une volonté subsistante, principe d'un ordre d'actions suivi en
Dieu lui-même, est le premier échelon par lequel nous
pouvons espérer d'arriver à l'idée d'une personne distincte dans la divinité.

En effet quelle idée avez-vous d'une personne? — On
pourrait, ce me semble, la définir en ces mots: substance *une*, active, et qui se rend compte de son activité
(consciente). Cette définition de la personne ne s'appli-
que-t-elle pas à l'idée que nous avons obtenue? Nous
allons l'examiner.

On objectera d'abord que nos volontés distinctes ne
sont pas des substances. — Mais pouvez-vous mettre
autre chose au fond de la substance que la volonté de
Dieu? Dieu, dites-vous, et c'est le grand progrès de la
pensée moderne sur l'antiquité, Dieu a créé toutes choses de *rien*. Mais qu'est ce que le rien? et si vous me
permettez de m'exprimer ainsi, où il y a-t-il une place
pour le rien? Supposez-vous qu'avant toute création
Dieu soit entouré par le néant? — Cette idée ne serait
guère compatible avec celle d'un esprit infini. Non,
dire que Dieu a créé toutes choses de rien, c'est dire
qu'il a créé, non pas seulement formé, Messieurs, mais
créé toutes choses par sa volonté, *per volontatem suam*,
ex voluntate suâ, car au commencement il n'y a rien

que sa volonté, et tout est plein de sa volonté. C'est
une proposition comprise dans l'idée de création libre,
partant dans l'idée de Dieu libre, dans notre première
et unique hypothèse, que la substance, le fond intime
de toute existence est la volonté de Dieu. Du reste, Messieurs, depuis Kant, depuis Leibnitz, il n'est guères
permis de révoquer en doute que le fond de toute choses ne soit une force. Une force qui est le principe de
ses déterminations, voilà la monade, aux yeux de Leibnitz la vraie substance, et jusque là Leibnitz a raison ;
mais qu'est ce qu'être principe de ses déterminations,
sinon être *volonté*? Ainsi, Messieurs, quand nous avons
une volonté distincte et permanente, nous ne saurions
lui refuser le nom de substance distincte. Mais cette volonté est une, elle tend toujours au même but en repous-
sant le contraire, elle est donc active, et manifeste son
activité, enfin elle est consciente d'elle même comme volonté distincte. En reconnaissant dans l'être infini la
possibilité de se donner à lui-même une limite, en reconnaissant en lui ce principe de négation source de
tout contraste et de toute variété, nous avons constaté
en lui d'une manière générale la puissance de se réflé-
chir soi-même, la conscience. La volonté est le principe
de la conscience. La conscience de soi est une volonté
retournée sur elle-même par la limitation qu'elle éprouve. L'unité de la volonté produit l'unité de la conscience.
Les deux volontés distinctes que nous avons reconnues
se limiter réciproquement, se déterminent ainsi en deux
consciences, et par là en deux personnes. L'étude de
l'âme individuelle nous présenterait des analogies qui,
tout éloignées qu'elles soient, nous aideraient à concevoir,

si nous avions le loisir de les poursuivre, ce dédoublement de la conscience naissant de l'opposition des volontés.

Nous serions donc arrivés à l'idée de deux personnes divines. Pour le moment nous ne pousserons pas notre étude plus loin. Nous n'essayerons pas de déterminer le caractère de la troisième personne ou de la troisième volonté qui doit apparaître dans un moment plus avancé de la double histoire. Cette déduction ne serait point à sa place, on pourrait même en un sens en contester la possibilité, car la science n'atteint que le présent et la troisième personne, l'Esprit, est le Dieu de l'avenir.

En résumé, l'idée d'une volonté, d'un mode d'agir de Dieu distinct, permanent, opposé à un autre, conscient, est l'idée, du moins le germe de l'idée d'une personne divine. Nous avons vu qu'Aristote déjà définissait l'âme un acte permanent, c'est-à-dire, une activité qui ne s'épuise pas dans son action, mais demeure active, une causalité persistante, pareille à celle que nous venons de déterminer. Qui dit substance ne dit autre chose que source d'action. Mais il reste encore quelque doute dans votre esprit. Permettez-moi de vous demander à mon tour si ce doute n'a pas sa source dans une manière de voir au fond un peu matérialiste et atomistique sur ce qui constitue la substance particulière, même la substance spirituelle, l'âme? et quant à Dieu dans un point de vue anthropomorphique, arbitrairement anthropomorphique, relativement à son unité spirituelle?—Il est bien certain pourtant qu'en définitive il faut rapporter à Dieu toutes choses, la forme et le fond, l'existence et la substance. D'un autre côté on ne saurait méconnaître que les distinctions, les déterminations que Dieu, l'es-

prit absolu opère en lui-même, ont une tout autre
portée, un autre sens que celles que peut opérer en soi
l'esprit créé, déjà déterminé dans toutes ses formes, en-
fermé dans les limites de son individualité, et dont nous
ne voyons d'ailleurs ici bas qu'une vie, une forme, un
aspect, un moment dans une existence éternelle.

Mes idées sur ce vaste sujet de Théologie spéculative
sont bien imparfaites encore, je ne vous en présente ici
qu'un seul côté très rapidement; cependant ce que je
viens de dire suffit pour vous faire voir dans la distinction réelle du Père et du Fils [1] le vrai moyen, le seul
moyen d'expliquer la persistance de la créature libre après
la chûte. Cela vous explique encore pourquoi l'Ecriture
dit que toutes choses sont créées et conservées par le Fils.
La chose est évidente en effet, d'après ce qui précède;
car la création visible actuelle n'est pas la première création, elle suppose le mal dès son origine, et dans le système de la Bible elle est postérieure à la première chûte,
la chûte des esprits; mais l'action directe et exclusive du
Père depuis la chûte ni pouvant être que la négation de
la créature, la création visible ne saurait lui être attribuée, elle est bien plutôt un rempart élevé contre son
courroux, en un mot un moyen de restauration, l'œuvre
du Fils.

On objectera sans doute à toute cette déduction que
selon notre point de vue la distinction des personnes se
produirait dans le temps, tandis que dans l'idée chrétienne le Fils est coëternel au Père. — A cela je répondrais :

[1] On peut faire abstraction de ces expressions bibliques sans altérer le fond de
la pensée,

1°. Cette objection supposerait chez celui qui la fait une parfaite intelligence de la distinction du temps et de l'éternité relativement à Dieu, en d'autres termes des rapports entre l'ordre essentiel et l'ordre de succession, l'ordre du temps. Il faudrait avant tout éclaircir ces rapports, car dans un certain sens assurément le Fils est postérieur au Père, puisqu'il est le Fils.

2°. Selon notre point de vue le Fils est réellement aussi ancien que le Père, puisque le Père n'est déterminé en tant que Père que par la distinction des personnes. Avant le Fils il n'y a point de Père, il n'y a que Dieu dans son unité et dans sa liberté absolues.

3°. Le Fils est éternel quant aux rapports de la créature avec son Dieu, rapports qui sont l'objet unique de la religion, et qui sont sans doute le seul point de vue sous lequel nous puissions et devions connaître Dieu. Le Fils est éternel pour nous, il est l'auteur de notre temps et de notre *durée*.

4°. Enfin nous rappellerons le passage de saint Paul sur l'accomplissement de toutes choses, sur ce moment suprême où toutes choses seront soumises au Fils et le Fils à Dieu.

Du reste, Messieurs, il ne peut pas être question pour nous de savoir si nous sommes d'accord ou pas avec les déterminations posées d'avance de la théologie dogmatique, ce que nous cherchons sous toutes les formes et par tous les moyens, c'est l'intelligence des phénomènes universels.

Le fait du monde actuel ne s'explique que par le dédoublement de la *volonté*, de l'essence divines, par l'opposition du Père et du Fils. Mais, Messieurs, ce n'est pas tout.

Restreindre sa volonté, étouffer sa flamme, faire place à une volonté différente et contraire, qu'est-ce, Messieurs, pensez-y bien, pour la liberté absolue? N'est-ce pas un rôle d'abaissement et de souffrance? La douleur de Christ ne commence ni sur Golgotha, ni même dans la crèche de Béthléem; c'est là qu'elle atteint son apogée, inaccessible à l'effort de notre intelligence. Le commencement de la souffrance de Christ, c'est le commencement du monde.

Qu'est-ce que Christ? — C'est Dieu lui-même, c'est le Dieu qui consent à n'être pas Dieu, à se faire petit pour laisser une place à notre liberté, liberté corrompue, mais qui seule pourtant peut se relever, car rien ne s'abaisse et ne se relève que la liberté. La grâce, l'éternelle grâce, c'est notre liberté, et il n'y a de liberté que par grâce. Christ c'est Dieu qui *souffre que* la créature rebelle existe, ou qui *souffre afin que* la créature existe; si vous pensez qu'il s'agit de Dieu, si vous vous tenez fermes à cette idée que nul ne saurait repousser: Dieu est absolue volonté, vous reconnaîtrez la parfaite identité de ces deux expressions. — La divinité de Christ et sa souffrance sont donc liées par une nécessité de la pensée aux doctrines de la liberté de Dieu et de la chûte. Mais la liberté de Dieu! C'est la condition de la nôtre; la chûte! c'est l'expérience universelle. La liberté de Dieu et la chûte sont donc des vérités philosophiques, et la doctrine du Christ avec toute sa réalité religieuse entre naturellement et de plein droit dans l'enchaînement de notre pensée. Ce ne sont du reste, vous le voyez, que les premiers pas et les premiers linéamens.

Pour achever cette esquisse d'une Théodicée dans notre système de liberté, il reste à présenter une idée facile à pressentir, mais essentielle : Dieu prévoyait-il la chûte comme fait actuel? — Les contradictions auxquelles on arrive en prenant parti pour ou contre la prescience absolue des actes libres montrent que la question n'est pas encore bien posée; c'est pour cela qu'elle est insoluble. Au surplus, elle est moins essentielle qu'il ne semble relativement au but que nous poursuivons. Qu'il prévît la chûte ou non, il ne voulait pas l'empêcher, car il est parfait. Sa perfection, c'est la liberté, et la perfection de son ouvrage, c'est d'être un monde de liberté. Il voulait, il veut que la création soit libre. Ce qu'il faut donc maintenir avec soin, c'est que la chûte a été un fait libre.

Dieu en a statué la possibilité, par conséquent avant toute création il l'a prévue comme possibilité. Il a donc su ce qu'il ferait pour le cas où cette possibilité serait réalisée, et dans le plan éternel cette possibilité est devenue la possibilité d'un progrès. Oui, Messieurs, dans l'Histoire universelle, la chûte libre de la créature est devenue le moyen d'un progrès. Cela ressort de ce que nous avons déjà dit. Une créature libre et spirituelle ne pouvait avoir pour but que l'harmonie de sa volonté et de son intelligence avec l'intelligence et la volonté divines. En d'autres termes, la créature naissait libre afin que voulant avec Dieu elle pût le connaître, le connaître et le vouloir, c'est-à-dire l'aimer. L'amour de la créature pour son Dieu, et par là le bonheur de la créature, tel est à notre point de vue, le but de la création. La chûte survient, qui compromet ce but, cependant la

liberté de la créature subsiste. Le retour de la créature
à Dieu *par sa liberté*, telle est désormais l'unique raison
possible de sa durée. Or la durée de la créature implique le sacrifice de Dieu, ainsi que nous l'avons fait voir
il y a un instant. Il est facile de tirer la conclusion.
Lorsque l'Histoire sera accomplie, la créature en ob-
tiendra l'intelligence. Dans cette intelligence même le
but de l'Histoire sera atteint. Mais alors la créature
connaîtra un Dieu meilleur pour elle que si la Restauration n'avait jamais été nécessaire. Ses motifs d'amour
seront donc encore plus grands, sa félicité plus parfaite.
C'est-à-dire, Messieurs, que la création sera plus parfaite.

La Restauration est un progrès et la chûte le moyen
d'un progrès. Leibnitz a vu tout cela. « D'après les
» Pères de l'Eglise, dit-il, la chûte a été réparée avec
» un avantage immense par l'incarnation du Fils de
» Dieu qui a donné à l'univers quelque chose de plus
» noble que tout ce qu'il aurait eu sans cela parmi les
» créatures. » Il dit cela, mais il n'en a pas fait le tout;
or ce n'est rien, ou bien c'est le tout. Leibnitz a tout
entrevu, tout pressenti. Il répète la sublime parole
d'Augustin. *Oh! felix culpa quæ talem redemptorem
meruit.* Leibnitz aurait tout compris, Messieurs, s'il avait
compris la liberté. Mais, vous l'avez vu, les germes dé-
posés çà et là par Leibnitz, les révélations de son génie
ne sont pas sa philosophie, son système. C'est à celui-ci
que nous nous sommes particulièrement attachés dans
cette étude et que nous voulons consacrer nos dernières
réflexions.

Leibnitz est le seul philosophe spéculatif ou moins complet de cette époque. En le rapprochant du système qui le précède immédiatement nous réussirons à nous rendre compte du chemin réellement parcouru par l'esprit philosophique, nous acquerrons les moyens de fixer avec justesse la place de Leibnitz. Le philosophe qui précède est Spinosa, la comparaison de ces deux grands systèmes nous fournira l'occasion de résumer et de compléter notre critique.

Le premier principe de Spinosa c'est l'*unité*, la substance universelle. «Per substantiam intelligo quod in se est et per se concipitur. Substantia hujus modi esse nequit, nisi una. »

Le point de départ de Leibnitz au contraire c'est la *multitude* des substances individuelles, des monades. La substance de Leibnitz est déjà plus déterminée intérieurement que celle de Spinosa; ce n'est plus seulement ce qui existe par soi même, mais un être doué de force, un principe permanent d'action.

Toutes les déterminations particulières de l'univers procèdent de la substance abstraite de Spinosa par une nécessité logique, en vertu du principe de contradiction, comme dirait Leibnitz. Les êtres individuels se déduisent de la substance universelle par nécessité logique; tel est, si non le résultat du spinosisme, du moins la prétention de Spinosa.

De même toutes choses, si l'on s'en tient aux idées de la Monadologie, dérivent de Dieu ou de la monade centrale (qui est substance dans le sens actif que nous venons d'indiquer) par fulguration, par émanation,

c'est-à-dire qu'elles sont produites également en vertu de
la nature essentielle du principe et par conséquent avec
nécessité. Les choses particulières ne sont pas précisément comprises dans la monade centrale, comme les
modes le sont d'après Spinosa dans la substance universelle, mais au fond le rapport est le même. Les
choses ne sont pas plus le produit d'un acte positif que
chez Spinosa. Pour Leibnitz comme pour Spinosa, le
rapport du monde et de son auteur est un rapport nécessaire. Quoi qu'en dise Leibnitz dont l'intention hautement proclamée est de sortir du panthéisme et de fonder la pluralité des substances au moyen de ses monades
les choses particulières n'ont au fond pas plus de réalité
pour lui que pour Spinosa. Leur existence corporelle
hors de Dieu n'est que phénoménale et tient à nos perceptions obscures. Leur existence n'est qu'idéale. Puis,
j'insiste sur ce point fondamental, le Dieu *substantia
simplex et originalis* de Leibnitz n'est pas plus l'auteur
libre du monde que la *substantia infinita* de son prédé-
cesseur. Les monades sont des fulgurations de la monade
centrale, or la monade centrale doit nécessairement produire des fulgurations. Les monades particulières ne
sont pas plus distinctes de la monade centrale que les
rayons du soleil ne le sont de l'astre lui-même. Au fond
la monade primitive est l'unité et la totalité du monde
comme la substance de Spinosa, car son infinité consiste
précisément dans sa fulguration. Spinosa exprime la
liaison du principe et des choses dérivées par une image
mathématique. Les choses résultent de Dieu comme il
résulte de la nature du triangle que ses trois angles sont
égaux à deux droits. L'image physique dont se sert

Leibnitz est plus radoucie, mais ce n'est qu'une différence de style. Quant à la réalité des choses finies et à leur rapport avec Dieu les deux philosophes sont au fond du même sentiment.

Dans la Théodicée, en revanche, Dieu, nous l'avons vu, crée par acte exprès, résultant de sa délibération. Mais cet acte n'est pas libre. En vertu de sa sagesse Dieu doit nécessairement créer. Il doit créer parce qu'il y a pour cela une raison suffisante. C'est une nécessité morale, mais ce n'en est pas moins une nécessité, car tout ce qui arrive pourrait être prévu d'avance. Tandis que chez Spinosa les choses sont enchaînées par une nécessité logique ou de contradiction, dans la Théodicée de Leibnitz elles le sont par une nécessité morale, en vertu de la raison suffisante. En dernière analyse, pour l'un comme pour l'autre, toutes choses sont comprises d'avance dans le principe et en procédent par un développement nécessaire. Si l'on réfléchit à ce que nous avons déjà dit, et qui est de la dernière évidence, c'est que le bien n'est pas bien pour Dieu et avant Dieu, mais par lui, parce qu'il le fait et le veut, cette nécessité morale se réduira à une nécessité naturelle pure et simple. L'enchaînement logique posé par Leibnitz comme la forme nécessaire de la philosophie, devient l'enchaînement objectif de l'univers, il ne pouvait pas en être autrement. Ainsi quant à la question des rapports entre Dieu et le monde, qui est la question décisive, il n'y a point de différence entre Spinosa et Leibnitz. Spinosa commence par la substance universelle; Leibnitz commence par les substances particulières, par les monades, et remonte à la substance universelle, mais ce n'est qu'un renversement dans la forme et non pas un changement de système; le rapport entre les deux termes reste le même. Si l'on appelle le système de Spinosa Panthéisme, Leibnitz est panthéiste aussi bien que Spinosa. Ils le sont et ne sont pas; ni l'un ni l'autre n'accorderaient que la totalité des choses particulières, τὸ πᾶν, soit la réalité complète de l'être absolu, soit Dieu. Ainsi ils ne sont pas Panthéistes dans le sens strict, mais leurs systêmes n'en présentent pas moins tous les inconvéniens moraux et religieux du Panthéisme, parce qu'ils mettent la nécessité dans le premier principe, ce qui implique par une conséquence inévitable l'enchaînement nécessaire de toutes choses dans l'univers. Tout système de nécessité est un Panthéisme dans le sens pratique, et dans ce sens, on peut le dire, la philosophie moderne, partout où elle veut être pratique, est Panthéiste. Que si reconnaître la liberté du premier principe c'est déserter la philosophie parce que c'est renoncer aux moyens d'établir entre toutes choses un lien rationel, alors, Messieurs, il faut choisir entre la religion, la morale, la dignité humaine et la philosophie; car religion, morale, dignité humaine sont inséparables de la liberté. Mais je n'accepte point cette alternative. Une philosophie de liberté renversera nos systèmes, bouleversera nos méthodes, réduira nos prétentions en élargissant nos espérances, mais loin de ralentir la marche des intelligences, elle leur donnera des ailes en leur montrant un but digne de leurs efforts.

Leibnitz se rapproche encore de Spinosa par son opinion sur le mal, qui selon lui n'est que limitation, négation. L'idée que le mal, si grand qu'il soit, contribue à

la perfection du monde nous rejette également dans le
point de vue de Spinosa.

En somme nous voyons que la différence entre Spinosa et Leibnitz est plus apparente que réelle. Leibnitz
n'a pas réfuté Spinosa comme il le croit, il l'a bien
plutôt reproduit en le mitigeant. Par l'idée des monades
Leibnitz a voulu donner aux choses particulières une
consistance, une fixité qu'elles n'ont pas dans la pensée
de Spinosa [1], cela établit sans doute une différence profonde dans leur tendance, mais cette différence ne suffit
pas pour constituer deux points de vue différens, parce
que ni l'un ni l'autre des deux systèmes n'est spéculativement développé. Ils tombent d'accord sur l'objet capital, de sorte qu'un raisonnement conséquent partant
de leurs véritables prémisses arrivera au même système.
Mais cette dialectique, il faut le reconnaître, fait violence à Leibnitz et rétrécit sa pensée. Au fond le un et
la multitude, l'être absolu et les choses particulières ne
sont véritablement liés ni chez l'un ni chez l'autre, c'est
dans cette imperfection qu'ils se confondent. Mais Spinosa a mis l'accent sur l'unité, Leibnitz sur la pluralité.
Pour Spinosa les choses particulières ne sont rien. Pour
Leibnitz elles existent par elles-mêmes, et l'harmonie
qui les unit et qu'il appelle préétablie, semble plutôt

---

[1] C'est par les monades que le spinosisme est détruit, car il y a autant de
substances véritables et pour ainsi dire de miroirs de l'univers, toujours subsistant, ou d'univers concentrés qu'il y a de monades ; au lieu que selon Spinosa, il
n'y a qu'une seule substance. Il aurait raison s'il n'y avait point de monades, et
alors tout, hors de Dieu, serait passager et s'évanouirait en simples accidens ou
modifications, puisqu'il n'y aurait point la base des substances dans les choses,
laquelle consiste dans l'existence des monades. Oeuvres de Leibnitz, Tome II,
p. 327.

être son véritable Dieu, le Dieu de Fichte, ordo ordi-
nans. Spinosa est Panthéiste. Leibnitz s'en défend, il
flotte entre le Panthéisme et le Polythéisme. Il n'y a
qu'un moyen d'échapper à cette alternative, c'est de
mettre au sommet de tout la production, la liberté.
On voit dans Leibnitz un progrès d'intention sur Spinosa ; il n'arrive pas au progrès philosophique.

Le seul véritable pas en avant se trouve dans la définition de la substance. L'idée de substance chez Spinosa
est encore absolument abstraite. Chez Leibnitz elle est
déjà plus précise. Pour lui toute substance est active,
mais quelle est la nature de cette activité? Nous l'avons
vu, c'est la *perception*. Ainsi les monades sont ren-
fermées en elles mêmes, « sans pieds et sans mains[1] ; »
ne faisant que percevoir elles n'ont les unes sur les autres
aucune action réelle. Cet *intellectualisme,* dit Hegel, dans
son Histoire de la Philosophie, est le grand côté de
Leibnitz. Il me semble que c'est plutôt son petit côté.
Le grand côté c'est d'avoir reconnu que la substance est
force active, puissance spirituelle, mais en réduisant
l'activité universelle à la perception, Leibnitz se jetait
dès le premier pas dans la nécessité, car la perception
ne saurait être libre. D'ailleurs la perception n'unit point
réellement les monades, elles restent isolées en dépit de
l'harmonie préétablie. Enfin cet intellectualisme ne peut
pas se soutenir jusqu'au bout. On est obligé de reconnaître dans la première substance, en Dieu, des qualités
toutes différentes de celles qu'on attribue à la substance
en général, de façon que ce Dieu inexplicable reste

---

[1] Feuerbach.

chargé d'arranger toutes les difficultés, de résoudre toutes les contradictions en lui même et dans le monde dont Leibnitz lui a laissé l'empire. Si Leibnitz avait reconnu comme le fonds de toute substance, la puissance véritable, la *volonté*, il aurait pu reconnaître entre les êtres des rapports réels, et commencer une philosophie libre.

Au reste, Messieurs, on a souvent mal compris le progrès de Leibnitz sur Spinosa dans l'idée de substance. On a dit que Leibnitz avait ôté à la substance le caractère matériel qu'elle a chez Spinosa. C'était être injuste envers ce dernier. La substance réelle n'est pas plus matérielle pour Spinosa que pour Leibnitz. L'étendue est chez Spinosa l'un des attributs de la substance infinie, la pensée est un autre de ces attributs. Les choses ne peuvent être considérées comme purement matérielles dans le point de vue de Spinosa que par une abstraction. L'étendue pure n'a point de vérité, rien n'est étendu seulement ; toute réalité est à la fois étendue et pensée. Ainsi l'idée d'une chose étendue provient, d'après Spinosa, d'une abstraction qui ne saisit qu'un des côtés de la réalité, pour Leibnitz d'une erreur de perspective ; au vrai point de vue tout serait purement spirituel. Il est douteux que cet idéalisme exclusif soit un progrès. Nous avons vu combien il devient difficile de comprendre ce que doivent être chez Leibnitz les choses du monde visible, qui ne sont point les véritables substances particulières. Il fallait rendre compte de la formation de ces aggrégats, ou bien les faire émaner directement de Dieu. Tout ceci montre combien il s'en faut que la Monadologie présente un système complet de métaphysique. Schelling, auquel nous avons emprunté plusieurs traits de ce parallèle** ne voit dans la Monadologie qu'une hypothèse pour sortir de la dualité de l'esprit et de la matière dans laquelle la philosophie était restée et qui devenait particulièrement insupportable dans la question de l'âme et du corps. Ennemi du dualisme, Leibnitz s'efforce de tout ramener à l'intellectuel, ce qui le plonge dans les nouvelles difficultés que nous avons soulevées. [1] Schelling explique l'intellectualisme de Leibnitz par le besoin d'unité ; cependant dans la substance spirituelle on trouve encore un dualisme, la matière première et l'entéléchie. [2]

Quant à la question fondamentale, les rapports de Dieu et du monde, la liberté et la nécessité, Leibnitz reproduit Spinosa, mais sans arriver à une expression systématique complète, il a introduit dans la substance de Spinosa des germes féconds, les idées de puissance active, de vie spontanée et d'individualité. Cela explique

** Les leçons de Schelling sur l'Histoire de la Philosophie sont encore inédites. On nous pardonnera d'avoir résumé quelques considérations critiques qui leur sont empruntées, mais auxquelles l'identité de point de vue sur la liberté aurait conduit naturellement. Ce qui est moins excusable c'est de n'avoir pas tiré meilleur parti d'une exposition remarquable par sa pénétrante clarté. L'auteur aurait refait ou supprimé tout ce parallèle entre Leibnitz et Spinosa, dont il sent vivement l'imperfection, si des circonstances particulières ne lui eussent pas fait en quelque sorte un devoir de publier ses leçons telles qu'elles ont été données.

[1] La réduction de toute substance à la spiritualité est une condition de l'harmonie préétablie par laquelle l'union de l'âme et du corps est directement expliquée ; en effet il ne peut y avoir harmonie entre les modifications que si les substances modifiées sont de même nature.

[2] Nous avons vu que Leibnitz s'exprime souvent de manière à faire penser qu'il reconnaît dans cette matière un principe métaphysique réel. Il faut qu'il n'ait pas tout dit ou qu'il ait varié. Voyez leçon II, p. 40 à 45.

comment avec un droit égal, au fond sans se contredire, Schelling peut appeler aujourd'hui la philosophie de Leibnitz un Spinosisme affaibli (verkümmert) tandis qu'il y a quarante ans, travaillant lui-même sur la base du Spinosisme qu'il s'efforçait d'élargir et de vivifier, il caractérisait le génie voisin du sien de son illustre compatriote avec une enthousiaste éloquence. « Leibnitz, » écrivait-il, appartenait au petit nombre de ceux qui » voient au-dessous d'eux tout, même la vérité. Il pos- » sédait en soi l'esprit universel du monde qui se mani- » feste lui-même dans les formes les plus variées, et » prépare la vie partout où il se présente. [1] »

Ce n'est pas sans raison que je termine en tournant vos regards vers l'auteur de la Philosophie de la Nature. L'héritier de Spinosa et de Leibnitz c'est Schelling. [2] Leibnitz réclame pour l'intelligence de l'univers la spontanéité et la vie; Schelling introduit dans l'idée du monde la vie et la spontanéité que l'on cherche en vain dans le mécanisme de l'harmonie préétablie, d'après lequel toute causalité, toute activité n'est qu'illusoire.

---

[1] Ideen zur Philosophie der Natur, Introduction, p. XXV.

[2] On s'étonnera sans doute que nous ne fassions pas mention ici de Kant, nécessaire pour comprendre Schelling, et qui s'est proposé directement la réfutation de l'école dogmatique issue de Leibnitz. C'est que par sa tendance la plus marquée Kant appartient à l'autre drapeau. Il a ramené la philosophie au subjectivisme. Sa sphère propre c'est l'esprit humain. C'est donc à Locke et à Hume qu'il se rattache essentiellement. Mais Kant est trop grand pour nos classifications. Toutes les parties de la science ont été fécondées par son génie. La Philophie de la Nature était préparée dans les ouvrages de Kant.

Fin.

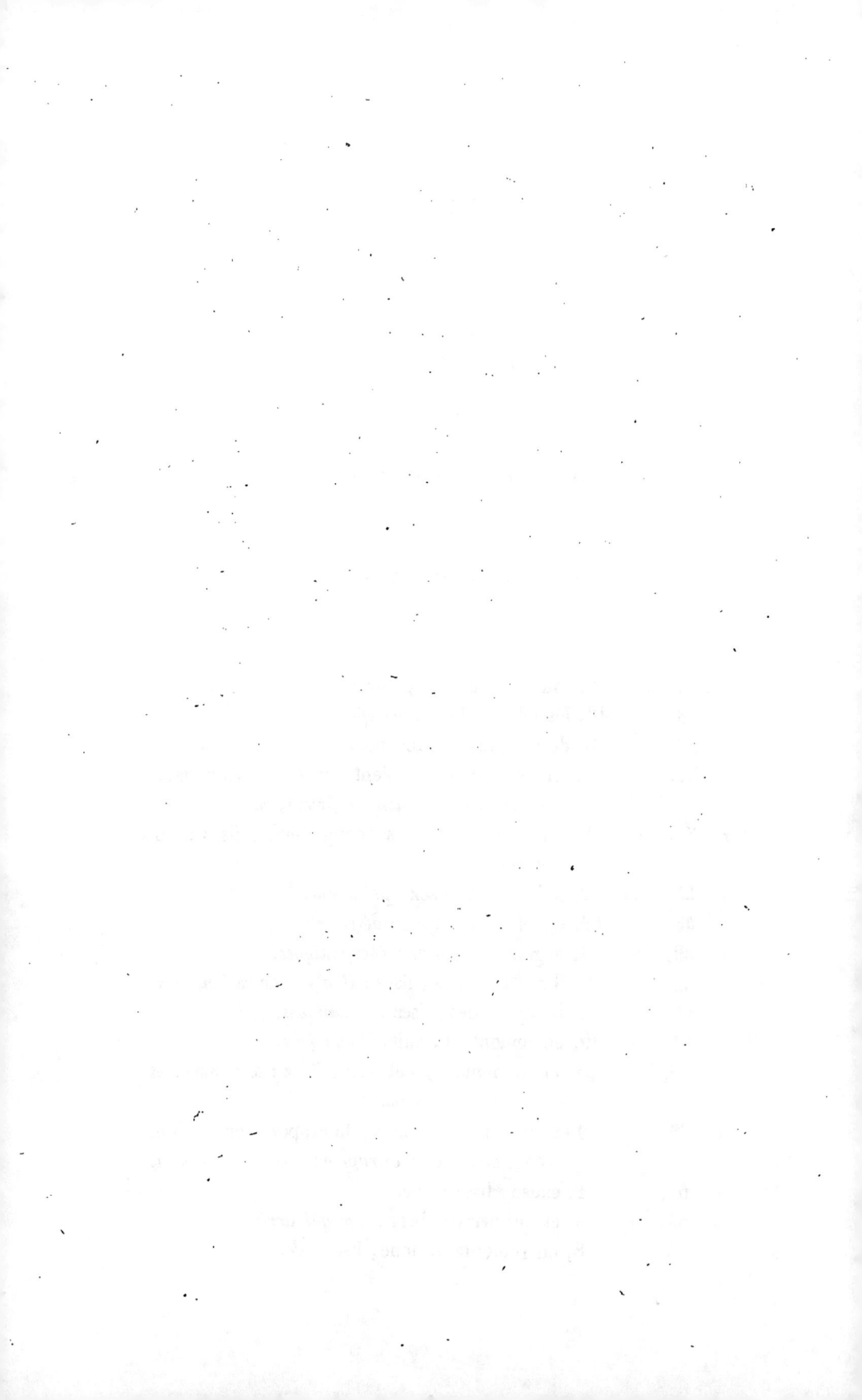

ADDITION

ET

FAUTES ESSENTIELLES A CORRIGER AVANT LA LECTURE.

Page 14, ligne 8, toutè spéculation, lisez : *toutes ses spéculations.*
» 18, » 10, les efforts, lisez : *des efforts.*
» 22, » 5, de la note, comme pour, lisez : *comme sont.*
» 31, » 5, en remontant, le soient ; aussi la forme, etc. lisez : *le soient aussi ; la forme, etc.*
» 35, » 11, en remontant, ces changemens, lisez : *ses changemens.*
» 43, » 12, prétendant, lisez : *préludant.*
» 45, » 12, développées, lisez : *développée.*
» 49, » 8, organiques, lisez ; *inorganiques.*
» id. » 9, il n'y a en eux, lisez : *il n'y a de réel en eux.*
» id. » 11, inorganiques, lisez : *organiques.*
» 51, » 9, en remontant, suit, lisez : *joue.*
» 56, » 5, en remontant, cet état, lisez : *le sommeil et dans l'évanouissement.*
» 58, » 9 et 10, en remontant, le rapport avec l'objet comme, lisez : *ce rapport avec l'objet connu.*
» 61, » 1, cause, lisez : *idée.*
» 63, » 8, et qui arrive, lisez : *à ce qui arrive,*
» 70, » 8, en remontant, donc, lisez : *dont.*

Page 78, ligne 5. Il faut ajouter : Cette expression « raison suffisante » paraît entachée de pléonasme. Leib-
nitz la définit ainsi dans la Théodicée : Ali-
quid quod inservire potest ad reddendam a
priori rationem cur hæc res hoc modo po-
tius existat quod alio quolibet. — La raison
suffisante comprend donc soit les causes
efficientes, soit les causes finales ; le plus
souvent raison suffisante est synonime de
cause finale.

» 88, » 12 et 15, en remontant, prouver l'immanence absolue de la monade, lisez : *prouver que la
monade ne peut absolument point sortir d'elle
même pour agir au dehors.*

» 91, » 12, ici se rapporte une note qui renvoie à l'addition faite à la page 78 ligne 5.

» 95, » 1, La note correspondant à cette ligne, se trouve
transposée à la page précédente.

» 96, » 7, le moindre, lisez : *de moindres.*

» id. » 16, il sait, lisez : *il fait.*

» id. » 17, s'il le sait, lisez : *s'il le fait.*